기억법 실전훈련

한국두뇌개발교육원 손동조 원장

국가와 민족을 위해 끊임없이 연구하며……. 기억법과 속독법 교재 저술로 대한민국의 수험생을 희망과 성공으로 이끈다. 「초스피드 속독법」은 우리나라의 속독 실전교육의 실용서로서 한 획을 긋는 기록과 최고의 속독 기술서로 평가받았다.

기억법 실전교육 저자 손동조 원장 직강

저자의 방학특강(기억법/속독법) 영재교육 현장! 최단시간 교육의 최고의 효과, 집중강의를 듣고 있는 학생들……. "천재 1명이 1만 명의 일자리를 창출하는 시대"

한국두뇌개발교육원 손동조 원장

집중력! 두뇌훈련! 저자 연구실에서 독자들에게 강조하는 한마디……. "뇌를 자극하는 기억법 훈련이 두뇌 건강에 많은 도움이 된다."

초등 6 최경. 기억법 속독법 수강생. 기억력 증진

靑出於藍! 저자의 비법을 지도 받고 속독기억술로 빠르게 읽고 기억한다. 상위 1%의 실력을 다진다. 풍부한 독서로 세계의 지식을 배운다.

중 1 박동호. 기억법 속독법 수강생. 기억력 증진

짧은 시간이지만 집중력을 발휘해 최대한의 학습 목표를 이루겠다! 한국의 미래를 위해 중국어로 공부한다!

기억법·속독법의 저자 손동조 원장

영재교육 프로그램으로 기억비법을 집중 지도중. 1초의 시간을 아끼고 배운다. "기억법은 공부방법의 최대의 기술이다."

[차행 0] 공 차표의 장(場) 1~9

3의 원리	고속버스 – 좌(左)		예비군 – 중(中)		매표소 – 우(右)	
상 (上)	1	고속버스 거울	4	예비군 모자	7	매표소 표시판
중 (中)	2	고속버스 라이트	5	예비군복	8	매표소 판매원
하 (下)	3	고속버스 바퀴	6	예비군의 군화	9	매표구

[가행 10] 십(열) 가지의 장(場) 11~19

3의 원리	가지나무 – 좌(左)		뱀 – 중(中)		비닐 하우스 – 우(右)	
상 (上)	11	가지나무 잎	14	뱀 머리	17	비닐 하우스
중 (中)	12	가지	15	뱀 몸통	18	바구니 손잡이
하 (下)	13	가지나무 줄기	16	뱀 꼬리	19	가지 바구니

[나행 20] 이인이 나팔의 장(場) 21~29

3의 원리	병사 – 좌(左)		대포 – 중(中)		창 – 우(右)	
상 (上)	21	병사 모자	24	포신	27	창 날
중 (中)	22	병사 단검	25	대포 바퀴	28	창 대
하 (下)	23	병사 신발	26	대포 알	29	방패

[다행 30] 삼촌이 다리미의 장(場) 31~39

3의 원리	다리미 – 좌(左)		구두약 – 중(中)		상의 – 우(右)	
상 (上)	31	다리미 손잡이	34	구두약 뚜껑	37	견장
중 (中)	32	다리미	35	구두약	38	명찰
하 (下)	33	다리미 판	36	구두솔	39	주머니

[하행 40] 사나운 하마의 장(場) 41~49

3의 원리	거북이 – 좌(左)		하마 – 중(中)		파랑새 – 우(右)	
상 (上)	41	거북이 머리	44	하마 입	47	파랑새 부리
중 (中)	42	거북이 등	45	하마 머리	48	파랑새 날개
하 (下)	43	거북이 꼬리	46	하마 등	49	파랑새 꼬리

[마행 50] 오! 마술이여의 장(場) 51~59

3의 원리	마술사 – 좌(左)		마술 상자 – 중(中)		사자 – 우(右)	
상(上)	51	마술사 모자	54	보자기	57	사자 머리
중(中)	52	마술사 옷	55	상자	58	사자 발
하(下)	53	마술사 신발	56	받침대	59	사자 꼬리

[바행 60] 육중한 바둑판의 장(場) 61~69

3의 원리	방석 – 좌(左)		바둑판 – 중(中)		바둑알 통 – 우(右)	
상(上)	61	방석	64	판 위 바둑알	67	통 뚜껑 손잡이
중(中)	62	찻잔	65	바둑판	68	통 뚜껑
하(下)	63	찻잔 받침	66	바둑판 다리	69	바둑알 통

[사행 70] 칠성 사이다의 장(場) 71~79

3의 원리	여자아이 - 좌(左)		돗자리 - 중(中)		분수대 - 우(右)	
상(上)	71	유치원 모자	74	사이다	77	분수
중(中)	72	유치원 가방	75	김밥	78	분수 파이프
하(下)	73	아이 치마	76	컵	79	분수대

[아행 80] 팔에 아이스크림의 장(場) 81~89

3의 원리	솜사탕기계 - 좌(左)		아이스크림통 - 중(中)		사람 - 우(右)	
상 (上)	81	솜사탕	84	아이스크림통 뚜껑	87	물안경
중 (中)	82	솜사탕 기계	85	아이스크림통	88	숨쉬는 호수
하 (下)	83	솜사탕 리어카	86	아이스크림통 줄	89	물갈퀴

[자행 90] 구식 자전거의 장(場) 91~99

3의 원리	게임기 – 좌(左)		세발 자전거 – 중(中)		로봇 – 우(右)	
상 (上)	91	게임기	94	자전거 핸들	97	로봇 머리
중 (中)	92	게임기 코드	95	자전거 패달	98	로봇 팔
하 (下)	93	게임 조정기	96	자전거 바퀴	99	로봇 다리

두뇌체조 [집중력 훈련]

다음 글자의 색만 읽으세요.[소요시간은 30초 내]

노랑	검정	빨강	파랑
검정	파랑	노랑	빨강
파랑	빨강	검정	노랑
노랑	파랑	검정	빨강
빨강	노랑	파랑	검정
노랑	파랑	검정	빨강
검정	파랑	빨강	노랑
파랑	빨강	검정	노랑
노랑	파랑	빨강	검정
빨강	검정	노랑	파랑

1회	초	2회	초	3회	초	4회	초	5회	초
6회	초	7회	초	8회	초	9회	초	10회	초

두뇌체조 [집중력 훈련] 수련판 책을 세로로 돌려서 집중하세요.

태극기를 약 1분간 주시하다가 응시점을 수련판 아래로 이동하여 정상적인 태극기가 나타나게 집중하여 주시한다.

색채(色彩)의 대비현상

색채심리학(色彩心理學)에서는 색각문제(色覺問題)로부터 색채의 느끼는 인상·조화감까지 따라서, 생리학·예술·디자인·건축 등과 모두 관련되어 있고 색채의 느낌과 감정 관계까지 연관되어 있다.

색채의 식별 느낌 등에 대한 인간의 행동과 반응은 보통 색깔을 보고 있을 경우 몇 가지 색깔을 동시에 보고 있을 때가 대부분이다. 이때, 색깔이 서로 영향을 주어 한 색깔의 경우와는 다르게 보이는 것이 대비(對比)현상이다.

색채대비는 2가지 이상의 색깔을 동시에 보거나 연속해 볼 때 생기는 현상으로, 전자를 〈동시대비(同時對比)〉, 후자를 〈계시대비(繼時對比)〉라고 한다. 이때 제시된 색깔이 서로 영향을 주어 저마다 색깔의 특성을 더 강조하는 경향이 생긴다. 색깔에는 색상·명도(明度)·채도(彩度)의 3가지 속성이 있다.

그러므로, 〈색상대비〉·〈명도대비〉·〈채도대비〉의 3가지 대비를 생각할 수 있다.

예를 들면, 검정 속의 흰색과 회색 속의 흰색에서는 같은 흰색이라도 앞의 경우가 더 희게 보이고(명도대비), 빨강과 녹색을 동시에 보면 각각 더 선명하게 보이는(색상대비) 등이다.

색깔을 보는 데 있어 이 밖에 잔상색(殘像色)·순응색(順應色) 등을 들 수 있다.

잔상색을 체험하는 가장 간단한 방법은 흰 종이 위에 빨간색의 원형 그림을 그려 놓고 그 곳을 집중하여 지켜본 다음 다른 흰 종이를 쳐다보면 아무것도 없는 흰 종이 위에는 청록색의 원형의 그림이 보이게 된다.

이러한 현상이 나타나는 게 보색잔상(補色殘像)이다.

 참고

1. 계속대비 : 한 색을 본 후 다른 색을 보았을 때 나중에 색이 달라보이는 현상.
2. 동시대비 : 두 색을 동시에 놓고 보았을 때 색이 달라져 보이는 현상
3. 보색대비 : 보색끼리의 색은 서로 상대 쪽을 뚜렷하게 드러나 보이게 한다.

천 개 공식 연상 기억법

공간지각
1,000개 기억 공식편

한국두뇌개발교육원 · 한국기억술연구원 손 동 조 지음

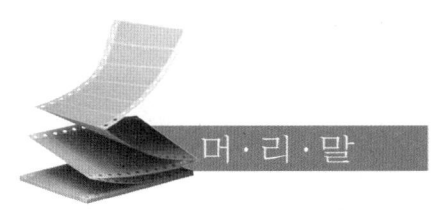

천 개 공식의 이해와 두뇌훈련

　본 교재는 천 개 공식 연상 기억법 책이므로, 숫자 가 나 다 글자공식을 마치고 나서 연계하는 확장훈련입니다. 장(場)의 확장과 10진 분류하여 「공식100」의 장에서 「공식990」의 장까지 활용하며 기억할 수 있도록 만들어져 있습니다.

　백(百)의 장 확장을 기본 숫자공식으로 활용하여 장면(場面)화 했으며 누구나 쉽게 기억할 수 있게 3의 원리로 구조화(構造化)하였습니다.

　기억할 내용을 장에 결합하여 직접 장면을 떠오르게 하면 결합된 내용이 자동적으로 연상되어 나오게 되므로 글자 그대로 기억하는 것보다 몇 배 빠르게 기억되는 동시에 오래 기억할 수 있는 방법, 이것이 바로 「천 개 공식기억법」이라 볼 수 있습니다.

　머리가 좋은 사람과 그렇지 못한 사람은 기억력에 차이가 있을 뿐 공부를 못하는 것과는 무관합니다. 어떠한 방법으로 학습내용을 기억하느냐에 따라서 기억회생 능력이 조금 차이가 나는 것이지 IQ가 낮아서 공부를 못하는 것은 아닙니다.

　「천 개 공식 연상기억법」에서 기본훈련은 기초단어를 결합하여 기억 회생하는 훈련이 있으므로 무엇이든 1,000개까지 기억을 할 수 있습니다.

　기억을 잘하기 위해서는 집중한 상태에서 공부를 해야 하는 것이지 머리가 크다고 공부를 잘하는 것이 아닙니다. 뇌의 크기보다 뉴런(신경세포)과 뉴런(neuron) 사이의 연결이 중요하다는 연구결과가 있듯이 뉴런이 그물 망 형식의 네트워크(network)로 많이 연결되어 있다면 뇌에서 누구나 동시에 더 많은 양의 정보처리능력을 발휘할 수 있게 됩니다.

　기억법에서는 기억 회생훈련을 통하여 좌뇌·우뇌의 개발로 시냅스(synapse)의 활성화로 두뇌의 회로망이 형성되어 모든 학습에 많은 도움이 되리라 확신합니다.

저자 손동조 원장

 소감의 글

"기억법", "속독법"을 익히고 나니 학습능률이 몇 배나 늘었습니다

부끄러운 이야기입니다만 나는 뒤늦게 공부에 관심을 가지면서, "어떻게 하면 남들보다 좀더 수월하게, 효과적으로 공부를 할 수는 없을까? 걷는 것보다 뛰어가는 것이 빠른 것처럼 공부에도 무슨 방법이 있을텐데……"라는 의문이 생겨 능률적인 학습방법에 관한 서적을 구해 탐독하기 시작했습니다. 그러나, 대부분의 학습방법 도서는 개략적인 공부방법을 소개해 놓았을 뿐, 실질적인 노하우를 찾지 못해 안타깝기만 했는데, 우연히 서점에서 「초스피드 기억법」이란 책을 대하게 되었고, 나는 단숨에 읽으면서, "이런 방법도 있구나"하며 감탄했습니다. 거기서 더욱 궁금증이 생겨 '한국두뇌개발교육원'을 직접 찾아가 저자이신 손동조 원장님을 만나뵙고 과학적 기억법에 관한 가르침을 받았습니다. 그리고, 책에 제시된 방법에 따라 공부를 하게 되었습니다. 또, "기억의 방법" 뿐만 아니라, 그 후 "속독법"까지 익히게 되어, 그야말로 달리는 말에 날개까지 달고 달리는 기분이었습니다.

요즘, 무슨 시험이든 시험볼 때 문제를 빨리 읽고 정확하게 판단하는 것이 관건입니다. 내 경험으로 미루어 볼 때, 누구나 "기억법"과 "속독법"을 익히면, 지난 날보다 몇 배, 아니 몇 십 배의 능률로써 학습이 이루어지리라고 확실히 말씀 드릴 수 있습니다. "늦었다고 생각할 때가 바로 시작해야 할 적기"라는 말이 있습니다.

여러분도 지금 바로 "기억법"과 "속독법"을 익히면 학업에 큰 정진이 있고, 모든 시험에 합격하는 영광에 이를 것입니다.

나는 요즘 시간날 때, 짬짬이 하루에 1~2시간만 투자해도 소설책 등 한 권 쯤은 쉽게 독파하게 되어 책에서 많은 상식과 지식을 빨리 얻고, 문화적 욕구도 해결하고, 지식도 늘릴 수 있어 정말 기쁩니다.

그 동안 친절하게 저에게 강의해 주신 손동조 원장 선생님께 감사 드리며, 한국두뇌개발교육원에 무궁한 발전이 있기를 기원합니다.

이명우

| contents |

- 공간력 기본 공식편 차행~자행까지 100개 공식

제1장 기초 공식편

- 기본장에 조화훈련하기 / 26
- 숫자 – 가나다 10단위 글자 공식 / 28
- 낱말 공식의 숫자를 글자로 변환하기 / 32
  - 10단위의 변환
- 낱말 공식의 숫자를 글자로 변환하기 / 34
  - 1000단위의 변환
- 공간력 공식 확인 테스트 / 35

제2장 숫자–가나다 100단위 공식편

- [100] 가축의 장(場) / 38
- [200] 낯의 장(場) / 58
- [300] 닻의 장(場) / 78
- [400] 화초의 장(場) / 98
- [500] 마차의 장(場) / 118
- [600] 보초의 장(場) / 138
- [700] 사치의 장(場) / 158
- [800] 아침의 장(場) / 178
- [900] 자치기의 장(場) / 198

제3장 문답 연상 결합 기억

- 국사 기억 / 220
- 무덤의 양식과 고분 연상 결합 / 222
- 신라의 골품과 관등표 복색 구조화 연상 기억 / 226
- 삼국의 발달과정 / 228
- 작품과 이름 구조화 연상 결합법 1~15까지 / 229
- 작품과 이름 구조화 연상 결합법[김대문 작품] 16~53까지 / 233

제4장 문장 기억 방법

- 시·문장을 기억하는 방법 / 246
- 〈산유화〉 구조화 만들기 / 247
- 〈봉선화〉 연상 기억 / 248
- 〈우리가 눈발이라면〉 연상 기억 / 250
- 〈어떤 마을〉 연상 기억 / 252
- 〈돌담에 속삭이는 햇발〉 연상 기억 / 254
- 〈청포도〉 구조화 만들기 / 256
- 〈승무〉 구조화 만들기 / 258
- 실체적 진실주의 구조화 연상법 / 260
- 목차 기억의 시각화 방법의 예 / 264
- 범칙행위 및 범칙금액(운전자) – 도로교통법 / 265
- 범칙행위 및 범칙금액 글자공식에 의한 연상 기억 / 268
- 육십갑자 기억술 / 274

제5장 영어단어 연상기억법

- 공간지각 영어단어 연상 기억술 / 278
- 영어단어 연상기억 확인 테스트 / 298
- 중학교 교과서 영어단어 유음법 / 308

제6장 두뇌훈련 수리 계산법

- 수리계산 덧셈 / 314
- 수리계산 덧셈 구구단 / 315
- 수리계산 뺄셈 – 보수관계 / 325
- 구구단 두뇌 훈련 / 330
- 두뇌훈련을 위한 수리 곱셈 계산법 / 333

장의 활용 부록

- 초스피드 기억법 장의 활용
  - 원소주기율표 연상 결합하기 / 342
  - 원소주기율표 / 346

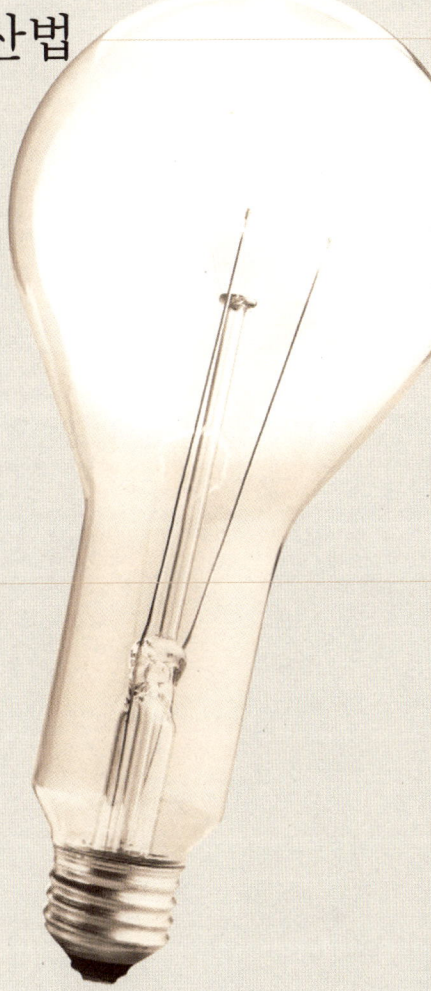

제1장

The Superspeed Memory | 기초 장 공식

기본장(場)에 조화훈련 하기 [1]

0 핸드폰	1 개구리	2 풍선	3 수박	4 원숭이
5 컵	6 장갑	7 비누	8 금반지	9 나그네

10 멧돼지	11 메뚜기	12 의사	13 자동차	14 무
15 수건	16 선생님	17 나비	18 남대문	19 거울

20 비상금	21 벽돌	22 매미	23 책	24 불국사
25 파리	26 쌍안경	27 모자	28 염소	29 책상

30 낙타	31 주전자	32 물통	33 낙지	34 가위
35 붕어	36 수염	37 사과	38 고추장	39 대통령

40 앵무새	41 신발	42 두부	43 휴지통	44 오징어
45 올챙이	46 배추	47 은행	48 악어	49 밤

기본장(場)에 조화훈련 하기 [2]

| 50 연필 | 51 딸기 | 52 구두 | 53 양복 | 54 자장면 |
| 55 잠자리 | 56 축구공 | 57 저울 | 58 시계 | 59 고양이 |

| 60 냉면 | 61 비행기 | 62 아버지 | 63 신문지 | 64 토끼 |
| 65 카메라 | 66 종달새 | 67 지팡이 | 68 난로 | 69 갈매기 |

| 70 망치 | 71 유리 | 72 옷걸이 | 73 가방 | 74 라면 |
| 75 칫솔 | 76 송아지 | 77 운동장 | 78 운동화 | 79 양말 |

| 80 여우 | 81 바나나 | 82 여왕 | 83 박쥐 | 84 의자 |
| 85 호랑이 | 86 난쟁이 | 87 담요 | 88 탁구공 | 89 야구공 |

| 90 벌 | 91 시장 | 92 칼 | 93 마이크 | 94 달팽이 |
| 95 색종이 | 96 압정 | 97 파리 | 98 독수리 | 99 도토리 |

숫자 - 가나다 글자 공식 [가행~다행]

10단위: 10 20 30 / 40 50 60 / 70 80 90
         가 나 다   하 마 바   사 아 자

1단위: 1 2 3 4 5 6 7 8 9 0
       ㄱ ㄴ ㄷ ㄹ ㅁ ㅂ ㅅ ㅇ ㅈ ㅊ
       ㅋ   ㅌ ㅎ   ㅍ

가행: 10 11 12 13 14 15 16 17 18 19
      가 각 간 가 갈 감 갑 갓 강 가
      축 도 장 두 매 나 옷   물 죽
              기   기 무

나행: 20 21 22 23 24 25 26 27 28 29
      낯 낙 난 낟 날 남 납 낫 낭 낮
      지 초 가 개 비   군
              리

다행: 30 31 32 33 34 35 36 37 38 39
      닻 닭 단 도 달 담 답 다 당 도
         추 둑   장 안 시 구 장
                       지 마 장

숫자 - 가나다 글자 공식 [하행~사행]

하행:	40 화초	41 학교	42 한복	43 호두	44 활	45 함장	46 합창대	47 핫도그	48 항아리	49 화장품

마행:	50 마차	51 막걸리	52 만두	53 맏아들	54 말	55 맘모스	56 마부	57 맛사지	58 망치	59 모자

바행:	60 보초	61 박	62 반지	63 받침	64 발	65 밤	66 밥	67 밧줄	68 방앗간	69 바지

사행:	70 사치	71 사과나무싹	72 산삼	73 사다리	74 쌀가게	75 삼겹살	76 삽	77 삿갓	78 상장	79 사자

숫자 - 가나다 글자 공식 [아행~자행]

아 행:	80	81	82	83	84	85	86	87	88	89
	아침	악어	안경	오뚝이	알	암석	압정	아씨	앙고라	아저씨

자 행:	90	91	92	93	94	95	96	97	98	99
	자치기	작두	잔	자두	자루	잠자리	잡지책	잣	장기	자장면

숫자를 글자로의 변환 예 : [숫자를 합친 글자]

15: 가 + ㅁ = 감나무   36: 다 + ㅂ = 답안지   82: 아 + ㄴ = 안경
24: 나 + ㄹ = 날개   58: 마 + ㅇ = 망치   93: 자 + ㄷ = 자두

100단위의 장(場) 글자 공식표 십진분류

100단위 10단위	100 가	200 나	300 다	400 하	500 마	600 바	700 사	800 아	900 자
00 ㅊ	10 ㄱ	20 ㄴ	30 ㄷ	40 ㄹ	50 ㅁ	60 ㅂ	70 ㅅ	80 ㅇ	90 ㅈ
가축	각도기	간장	가두	갈매기	감나무	갑옷	갓	강물	가죽
낯	낙지	난초	낟가리	날개	남비	납	낫	낭군	낮
닻	닭	단추	도둑	달	담장	답안지	다시마	당구장	도장
화초	학교	한복	호두	활	함장	합창대	핫도그	항아리	화장품
마차	막걸리	만두	맏아들	말	맘모스	마부	맛사지	망치	모자
보초	박	반지	받침	발	밤	밥	밧줄	방앗간	바지
사치	사과나무	산삼	사다리	쌀가게	삼겹살	삽	삿갓	상장	사자
아침	악어	안경	오뚝이	알	암석	압정	아씨	앙고라	아저씨
자치기	작두	잔	자두	자루	잠자리	잡지책	잣	장기	자장면

낱말공식의 숫자를 글자로 변환하기 [1]

실전연습 테스트(1) 　 십단위 글자 만들기

24	83	13
46	99	78
68	18	20
10 가축	69	21
55	49	95
26	54	90
33	51	16
59	76 삽	71
41	25	15
67	43	36
88	94	47
28	12	79
85	50	65 밤
84	32	35

낱말공식의 숫자를 글자로 변환하기 [2]

실전연습 테스트(2)　　십단위 글자 만들기

58	22	85
28	91	76
69	96	72
75	51	59
57	18	38
29	49	42
99	73	68
55	46	79
34	15	50
56	84	31
78	67	95
36	26	60
71	89	88
11	19	66

낱말공식의 숫자를 글자로 변환하여 결합 훈련하기

한글로 1000 단위 숫자 만드는 법 테스트

[예문1] 8796 : 아씨가 잡지책을 본다.

- 35+15
- 23+45
- 85+40
- 14+49
- 33+25
- 83+13
- 56+54
- 95+18
- 37+81
- 74+94
- 51+28
- 16+27
- 32+17
- 65+69
- 22+93

공간력 공식 확인 테스트

① 버스 거울	③	⑤	⑧
⑨	⑪	⑫ 가지	⑭
⑰	⑱	⑲	⑳ 나팔
㉑	㉓ 병사 신발	㉖	㉘
㉙	㉛	㉜	㉟
㊲ 견장	㊳	㊷	㊹
㊺	㊼	㊾ 새 꼬리	52
53	54	56	57
59	61 방석	63	64
66	67	69	72
73	74	75	77 분수
79	82 솜사탕기계	83	85
87	88	89	91
92 게임기 코드	93	95	96
97	98 로봇 팔	99	100 가축의 장

※장의 그림을 본 후 빈 칸의 단어를 채우시오.

제2장

The Superspeed Memory

숫자 – 가나다 100단위 기억 공식

[100] 가축의 장(場)

3의 원리	돼지 - 좌(左)		사료 - 중(中)		개 - 우(右)	
상(上)	101	돼지 머리	104	사료 포대	107	개 머리
중(中)	102	돼지 젖	105	사료	108	개목줄
하(下)	103	돼지 새끼	106	사료통	109	개 발

[100] 가축의 장(場) 직접 활용하기

100 =   낱말 **결합훈련**

101 =   = 10   가축

102 =   = 20   낮

103 =   = 30   닻

104 =   = 40   화초

105 =   = 50   마차

106 =   = 60   보초

107 =   = 70   사치

108 =   = 80   아침

109 =   = 90   자치기

[110] 각도기의 장(場)

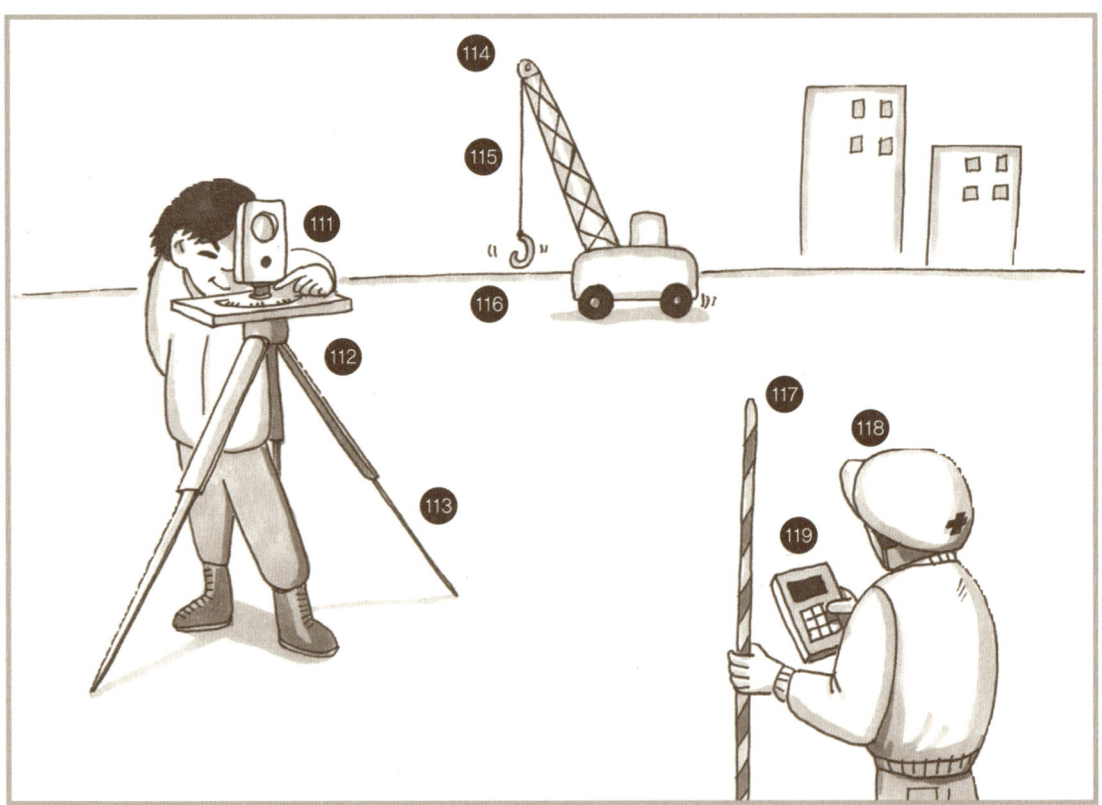

3의 원리	측량기 - 좌(左)		크레인 - 중(中)		측량기사 - 우(右)	
상 (上)	111	렌즈	114	크레인 위	117	막대기
중 (中)	112	측량판	115	크레인 줄	118	안전모
하 (下)	113	삼각대	116	크레인 고리	119	계산기

[110] 각도기의 장(場) 직접 활용하기

110 = 　　　　　　　　　　　　　　　　　낱말 결합훈련

111 = 　　　　　　　　　　　= 11　　각도기

112 = 　　　　　　　　　　　= 22　　난초

113 = 　　　　　　　　　　　= 33　　도둑

114 = 　　　　　　　　　　　= 44　　활

115 = 　　　　　　　　　　　= 55　　맘모스

116 = 　　　　　　　　　　　= 66　　밥

117 = 　　　　　　　　　　　= 77　　삿갓

118 = 　　　　　　　　　　　= 88　　앙고라

119 = 　　　　　　　　　　　= 99　　자장면

[120] 간장의 장(場)

3의 원리	간장 – 좌(左)		튀김채 – 중(中)		찬장 – 우(右)	
상 (上)	121	간장병	124	튀김채 손잡이	127	찬장 문
중 (中)	122	새우 튀김	125	튀김채	128	찬장에 그릇
하 (下)	123	접시	126	튀김통	129	찬장에 밀가루

[120] 간장의 장(場) 직접 활용하기

낱말 결합훈련

120 =

121 =   = 12   간장
122 =   = 24   날개
123 =   = 36   답안지

124 =   = 48   항아리
125 =   = 60   보초
126 =   = 72   산

127 =   = 84   알
128 =   = 96   잡지
129 =   = 108   개목줄

[130] 가두의 장(場)

3의 원리	정류장 – 좌(左)		버스 – 중(中)		건널목에 아이 – 우(右)	
상 (上)	131	버스 간판	134	버스 환기통	137	신호등
중 (中)	132	간판 기둥	135	버스 유리창	138	아이풍선
하 (下)	133	긴 의자	136	버스 바퀴	139	어린아이 옷

[130] 가두의 장(場) 직접 활용하기

130 =   낱말 결합훈련

131 =   = 13   가두
132 =   = 26   납
133 =   = 39   도장

134 =   = 52   만두
135 =   = 65   밤
136 =   = 78   상장

137 =   = 91   작두
138 =   = 104   사료 포대
139 =   = 117   막대기

[140] 갈매기의 장(場)

3의 원리	갈매기 – 좌(左)		낚시꾼 – 중(中)		낚시가방 – 우(右)	
상(上)	141	갈매기 날개	144	낚시모자	147	가방 손잡이
중(中)	142	갈매기 가슴	145	선글라스	148	낚시 가방
하(下)	143	갈매기 발	146	릴 낚싯대	149	낚시 바늘

[140] 갈매기의 장(場) 직접 활용하기

140 = 　　　　　　　　　　　　　　　　　　　　　　낱말 **결합훈련**

141 = 　　　　　　　　　　　　　　　= 14　　갈매기

142 = 　　　　　　　　　　　　　　　= 28　　낭군

143 = 　　　　　　　　　　　　　　　= 42　　한복

144 = 　　　　　　　　　　　　　　　= 56　　마부

145 = 　　　　　　　　　　　　　　　= 70　　사치

146 = 　　　　　　　　　　　　　　　= 84　　알

147 = 　　　　　　　　　　　　　　　= 98　　장기

148 = 　　　　　　　　　　　　　　　= 112　측량판

149 = 　　　　　　　　　　　　　　　= 126　식용류 통

[150] 감나무의 장(場)

3의 원리	장대 - 좌(左)		까치 - 중(中)		주인 - 우(右)	
상 (上)	151	감나무 가지	154	까치 부리	157	빗자루
중 (中)	152	감나무 감	155	까치날개	158	감나무 낙엽
하 (下)	153	장대	156	까치꼬리	159	벌레

[150] 감나무의 장(場) 직접 활용하기

150 =

낱말 **결합훈련**

151 =   = 15   감나무
152 =   = 30   닻
153 =   = 45   함장

154 =   = 60   보초
155 =   = 75   삼겹살
156 =   = 90   자치기

157 =   = 105   사료
158 =   = 120   간장의 장
159 =   = 135   버스 유리창

[160] 갑옷의 장(場)

3의 원리	장수 – 좌(左)		장수의 칼 – 중(中)		거북선 – 우(右)	
상(上)	161	투구	164	칼 자루	167	거북선 머리
중(中)	162	갑옷	165	칼 중간	168	거북선 등
하(下)	163	신발	166	칼 끝	169	거북선 노

[160] 갑옷의 장(場) 직접 활용하기

160 =   낱말 결합훈련

161 =   = 16   갑옷
162 =   = 32   단추
163 =   = 48   항아리

164 =   = 64   발
165 =   = 80   아침
166 =   = 96   잡지

167 =   = 112   측량판
168 =   = 128   찬장에 그릇
169 =   = 144   낚시모자

[170] 갓의 장(場)

3의 원리	선비 - 좌(左)		연꽃 - 중(中)		소나무 - 우(右)	
상(上)	171	갓의 챙	174	연꽃	177	솔잎
중(中)	172	선비의 옷	175	연꽃 잎	178	소나무 줄기
하(下)	173	선비 신발	176	연꽃 줄기	179	가야금

[170] 갓의 장(場) 직접 활용하기

170 =   낱말 결합훈련

171 =   = 17   갓

172 =   = 34   달

173 =   = 51   막걸리

174 =   = 68   방앗간

175 =   = 85   암석

176 =   = 102   돼지젖

177 =   = 119   계산기

178 =   = 136   버스 바퀴

179 =   = 153   장대

[180] 강물의 장(場)

3의 원리	썰매 - 좌(左)		대낚시 - 중(中)		스케이트 - 우(右)	
상 (上)	181	썰매 판 위	184	대나무 낚싯대	187	스케이트 끈
중 (中)	182	썰매 받침목	185	낚싯줄	188	스케이트 신발
하 (下)	183	썰매 꼬챙이	186	고기 뜰채	189	스케이트 날

[180] 강물의 장(場) 직접 활용하기

180	=		낱말 결합훈련
181	=	= 18	강물
182	=	= 36	답안지
183	=	= 54	말
184	=	= 72	산
185	=	= 90	자치기
186	=	= 108	개목줄
187	=	= 126	식용류 통
188	=	= 144	낚시 모자
189	=	= 162	갑옷

[190] 가죽의 장(場)

3의 원리	진열대 - 좌(左)		손님 - 중(中)		유리진열장 - 우(右)	
상(上)	191	하이 힐	194	목도리	197	바클
중(中)	192	가죽 지갑	195	무스탕 옷	198	혁대
하(下)	193	가죽 장갑	196	가죽 부츠	199	유리진열장

[190] 가죽의 장(場) 직접 활용하기

190 = ⬤ 낱말 결합훈련

191 = = 19 가죽
192 = = 38 당구장
193 = = 57 맛사지

194 = = 76 삽
195 = = 95 잠자리
196 = = 114 크레인 위

197 = = 133 긴 의자
198 = = 152 감나무의 감
199 = = 171 갓의 챙

[200] 낮의 장(場)

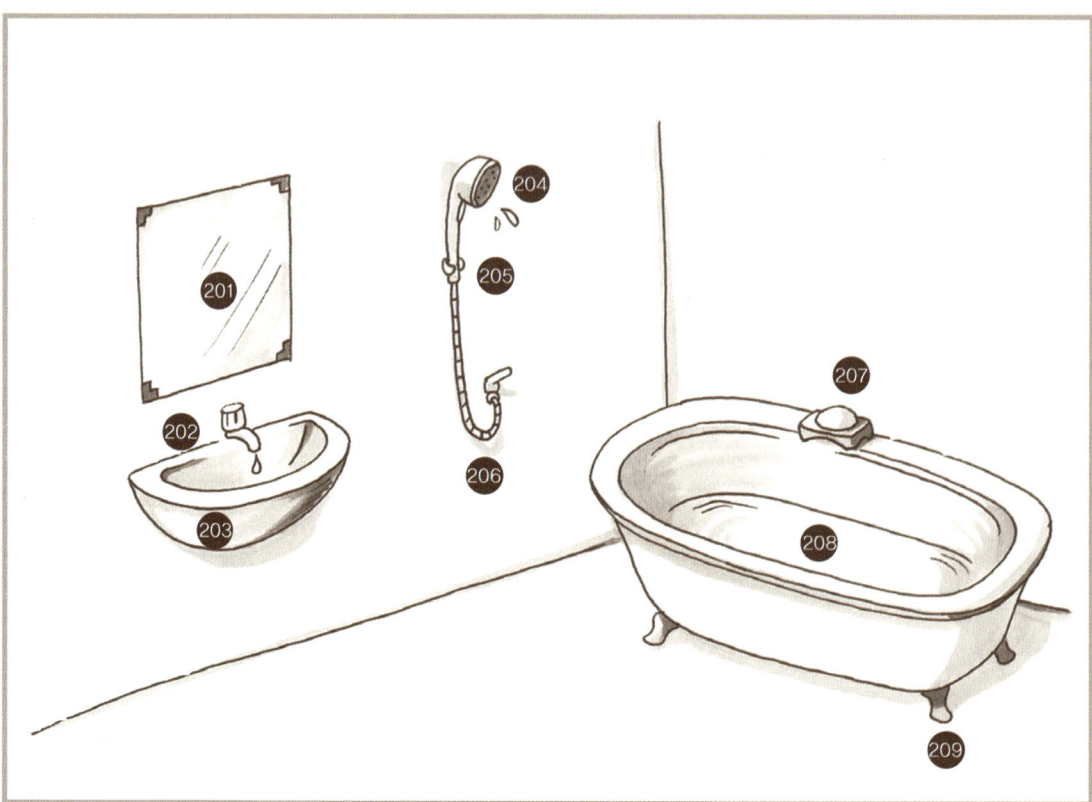

3의 원리	거울 – 좌(左)		샤워기 – 중(中)		욕조 – 우(右)	
상(上)	201	거울	204	샤워기 물구멍	207	세수 비누
중(中)	202	수도꼭지	205	샤워기 손잡이	208	욕조
하(下)	203	세면대	206	샤워기 호수	209	욕조기 다리

[200] 낮의 장(場) 직접 활용하기

200 =   낱말 결합훈련

201 =   = 20   낮

202 =   = 40   화초

203 =   = 60   보초

204 =   = 80   아침

205 =   = 100   가축의 장

206 =   = 120   난초의 장

207 =   = 140   갈매기의 장

208 =   = 160   갑옷의 장

209 =   = 180   강물의 장

[210] 낙지의 장(場)

3의 원리	낙지 - 좌(左)		괭이 - 중(中)		낚시꾼 - 우(右)	
상 (上)	211	낙지 머리	214	괭이	217	밀짚모자
중 (中)	212	낙지 발	215	괭이자루	218	낚싯대
하 (下)	213	갈고리	216	조개	219	미끼통

제2장 숫자 - 가나다 기억 공식

[210] 낙지의 장(場) 직접 활용하기

210 =   낱말 결합훈련

211 =   = 21   낙지

212 =   = 42   한복

213 =   = 63   받침

214 =   = 84   알

215 =   = 105   사료

216 =   = 126   식용류 통

217 =   = 147   가방 손잡이

218 =   = 168   거북선 등

219 =   = 189   스케이트 날

[220] 난초의 장(場)

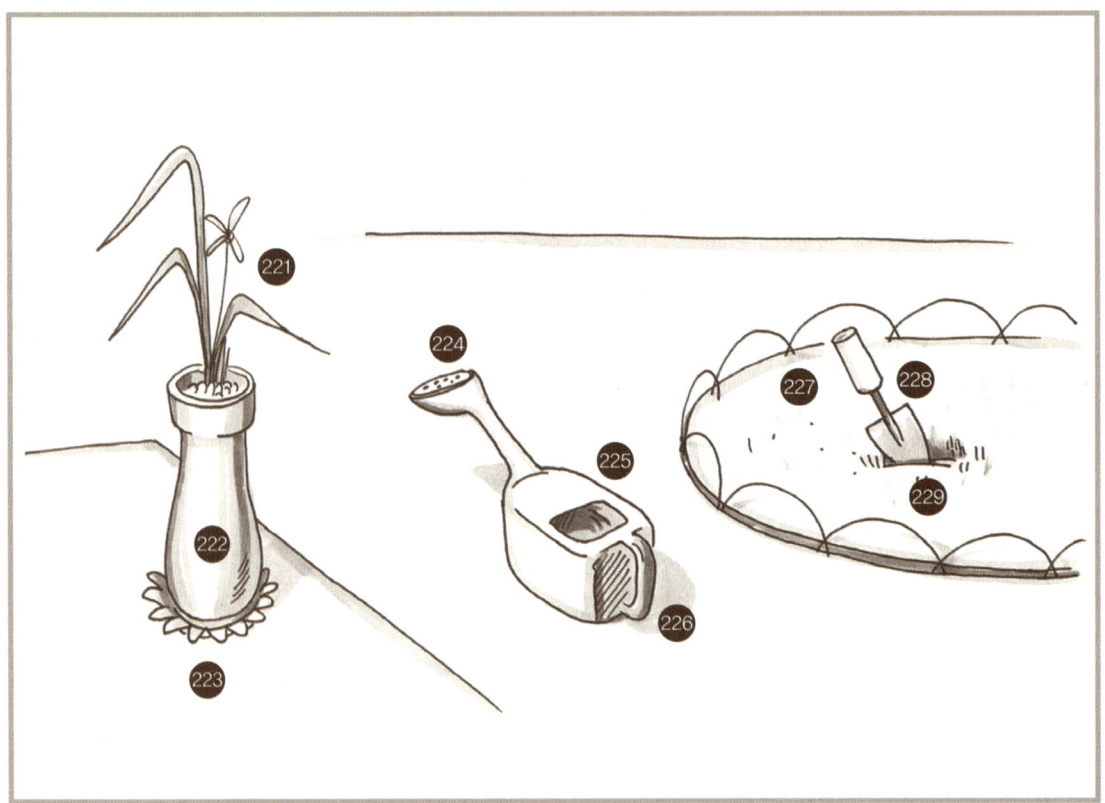

3의 원리	화분 - 좌(左)		물조로 - 중(中)		꽃삽 - 우(右)	
상(上)	221	난초 꽃	224	조로 물구멍	227	꽃삽 자루
중(中)	222	화병	225	조로 물통	228	꽃삽 중간
하(下)	223	화병받침	226	조로 물통 손잡이	229	꽃삽 날

[220] 난초의 장(場) 직접 활용하기

220 =   낱말 결합훈련

221 =   = 22   난초

222 =   = 44   활

223 =   = 66   밥

224 =   = 88   앙고라

225 =   = 110   각도기의 장

226 =   = 132   버스 간판 기둥

227 =   = 154   까치 부리

228 =   = 176   연꽃 줄기

229 =   = 198   혁띠

[230] 낟가리의 장(場)

3의 원리	낟가리 - 좌(左)		수수 - 중(中)		장작불 - 우(右)	
상 (上)	231	낟가리 버팀목	234	수수이삭	237	장작불
중 (中)	232	낟가리 지붕	235	수숫대	238	나무장작
하 (下)	233	새끼줄	236	수수잎	239	소년

[230] 낟가리의 장(場) 직접 활용하기

230 =

낱말 결합훈련

231 =   = 23   낟가리
232 =   = 46   합창대
233 =   = 69   바지

234 =   = 92   잔
235 =   = 115   크레인 줄
236 =   = 138   풍선

237 =   = 161   투구
238 =   = 184   대나무 낚싯대
239 =   = 207   세수 비누

[240] 날개의 장(場)

3의 원리	독수리 – 좌(左)		들쥐 – 중(中)		부엉이 – 우(右)	
상(上)	241	독수리 날개	244	들쥐 머리	247	부엉이 머리
중(中)	242	독수리 부리	245	들쥐 몸통	248	부엉이 가슴
하(下)	243	독수리 발톱	246	들쥐 꼬리	249	부엉이 발톱

[240] 날개의 장(場) 직접 활용하기

240 =   낱말 **결합훈련**

241 =   = 24   날개

242 =   = 48   항아리

243 =   = 72   산

244 =   = 96   잡지

245 =   = 120   간장의 장

246 =   = 144   낚시 모자

247 =   = 168   거북선 등

248 =   = 192   가죽지갑

249 =   = 216   조개

[250] 냄비의 장(場)

3의 원리	구세군 - 좌(左)		자선냄비 - 중(中)		청년 - 우(右)	
상(上)	251	구세군 모자	254	별	257	귀 보호대
중(中)	252	사랑의 배지	255	자선냄비통 입구	258	오리털 잠바
하(下)	253	구세군 종	256	자선냄비 통	259	지폐

[250] 냄비의 장(場) 직접 활용하기

250 =   낱말 결합훈련

251 =   = 25   냄비

252 =   = 50   마차

253 =   = 75   삼겹살

254 =   = 100   가축의 장

255 =   = 125   튀김 채

256 =   = 150   감나무의 장

257 =   = 175   연잎

258 =   = 200   낯의 장

259 =   = 225   조로 물통

[260] 납의 장(場)

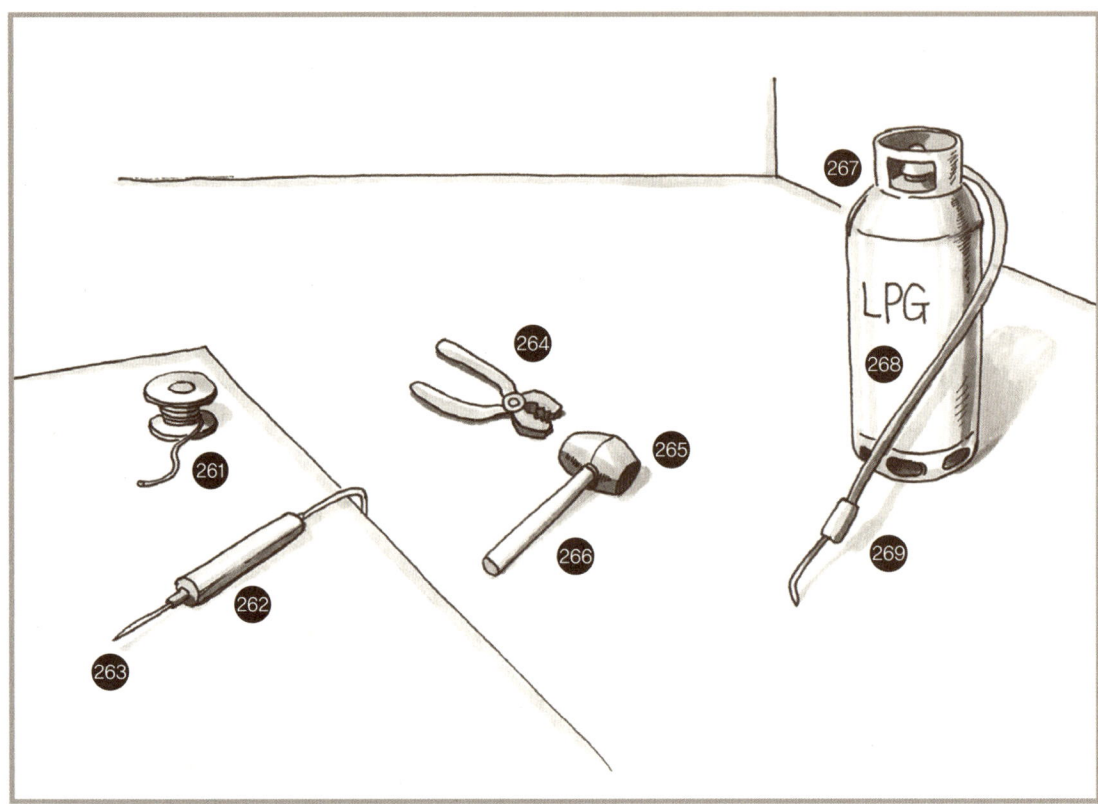

3의 원리	납 - 좌(左)		망치 - 중(中)		LPG가스통 - 우(右)	
상(上)	261	납 줄	264	펜치	267	가스통 손잡이
중(中)	262	인두 자루	265	고무 망치	268	가스통
하(下)	263	인두 끝	266	고무 망치 자루	269	가스통 호스

[260] 납의 장(場) 직접 활용하기

260 =   낱말 **결합훈련**

261 =   = 26   납

262 =   = 52   만두

263 =   = 78   상장

264 =   = 104   사료 포대

265 =   = 130   가두의 장

266 =   = 156   까치 꼬리

267 =   = 182   썰매 받침목

268 =   = 208   욕조기

269 =   = 234   수수이삭

[270] 낫의 장(場)

3의 원리	낫 – 좌(左)		농부 – 중(中)		허수아비 – 우(右)	
상(上)	271	낫 자루	274	농부 모자	277	허수아비 얼굴
중(中)	272	낫 날	275	농부	278	허수아비 팔
하(下)	273	숫돌	276	볏단	279	허수아비 옷

[270] 낫의 장(場) 직접 활용하기

270 =   낱말 **결합훈련**

271 =   = 27   낫

272 =   = 54   말

273 =   = 81   악어

274 =   = 108   개목줄

275 =   = 135   버스 유리창

276 =   = 162   장수의 갑옷

277 =   = 189   스케이트 날

278 =   = 216   조개

279 =   = 243   독수리 발톱

[280] 낭군의 장(場)

3의 원리	신부 - 좌(左)		초례상 - 중(中)		신랑 - 우(右)	
상(上)	281	족두리	284	술병	287	사모
중(中)	282	비녀	285	시루떡	288	얼굴가리게
하(下)	283	신부 옷	286	닭	289	신랑옷

[280] 낭군의 장(場) 직접 활용하기

280 =   낱말 결합훈련

281 =   = 28   낭군

282 =   = 56   마부

283 =   = 84   알

284 =   = 112   측량판

285 =   = 140   갈매기의 장

286 =   = 168   거북선 등

287 =   = 196   손님 부츠

288 =   = 224   조로 물구멍

289 =   = 252   사랑의 배지

[290] 낮의 장(場)

3의 원리	파라솔 – 좌(左)		과일 – 중(中)		여인 – 우(右)	
상 (上)	291	파라솔 위	294	과일 바구니 손잡이	297	스트로
중 (中)	292	파라솔 파이프	295	과일 바나나	298	유리컵
하 (下)	293	고무 튜브	296	과일 바구니	299	컵 받침

[290] 낮의 장(場) 직접 활용하기

290 = _____   낱말 결합훈련

291 = _____   = 29   낮

292 = _____   = 58   망치

293 = _____   = 87   아씨

294 = _____   = 116   크레인 고리

295 = _____   = 145   선글라스

296 = _____   = 174   연꽃

297 = _____   = 203   세면대

298 = _____   = 232   낟가리 지붕

299 = _____   = 261   납줄

[300] 닻의 장(場)

3의 원리	선원 - 좌(左)		선장 - 중(中)		돛대 - 우(右)	
상(上)	301	망원경	304	선장 뿔 모자	307	깃발
중(中)	302	선원	305	배의 핸들	308	돛
하(下)	303	뱃머리	306	배의 닻	309	돛대

제2장 숫자 – 가나다 기억 공식

[300] 닻의 장(場) 직접 활용하기

300 =   낱말 결합훈련

301 =   = 30   닻

302 =   = 60   보초

303 =   = 90   자치기

304 =   = 120   간장의 장

305 =   = 150   감나무의 장

306 =   = 180   강물의 장

307 =   = 210   낙지의 장

308 =   = 240   날개의 장

309 =   = 270   낫의 장

[310] 닭의 장(場)

3의 원리	오리 - 좌(左)		병아리 - 중(中)		닭 - 우(右)	
상(上)	311	오리 부리	314	병아리장	317	닭 벼슬
중(中)	312	오리 날개	315	병아리	318	닭 날개
하(下)	313	물갈퀴	316	먹이통	319	닭 다리

[310] 닭의 장(場) 직접 활용하기

310 =   낱말 결합훈련

311 =   = 31   닭
312 =   = 62   반지
313 =   = 93   자두

314 =   = 124   튀김채 손잡이
315 =   = 155   까치 날개
316 =   = 184   대나무 낚시대

317 =   = 217   밀짚 모자
318 =   = 248   부엉이 가슴
319 =   = 279   허수아비 옷

[320] 단추의 장(場)

3의 원리	바늘 - 좌(左)		재봉틀 - 중(中)		실 - 우(右)	
상(上)	321	바늘	324	재봉틀	327	실 타래
중(中)	322	실	325	옷감 천	328	바늘꽂이
하(下)	323	단추	326	재봉틀 판	329	골무

[320] 단추의 장(場) 직접 활용하기

320 =   낱말 결합훈련

321 =   = 32   단추
322 =   = 64   발
323 =   = 96   잡지

324 =   = 128   찬장에 그릇
325 =   = 160   갑옷의 장
326 =   = 192   가죽지갑

327 =   = 224   조로물구멍
328 =   = 256   자선냄비통
329 =   = 288   얼굴 가리게

[330] 도둑의 장(場)

3의 원리	금고 - 좌(左)		도둑 - 중(中)		창문 - 우(右)	
상(上)	331	금고 위	334	도둑의 모자	337	창틀
중(中)	332	금고 번호 다이얼	335	도둑의 마스크	338	창문
하(下)	333	금고 손잡이	336	도둑의 구두	339	드라이버

[330] 도둑의 장(場) 직접 활용하기

330 =   낱말 결합훈련

331 =   = 33   도둑

332 =   = 66   밥

333 =   = 99   자장면

334 =   = 132   버스 간판 기둥

335 =   = 165   칼 중간

336 =   = 198   혁띠

337 =   = 231   낟가리 버팀목

338 =   = 264   펜치

339 =   = 297   스트로

[340] 달의 장(場)

3의 원리	달 - 좌(左)		위성 - 중(中)		지구 - 우(右)	
상 (上)	341	달 분화구	344	인공위성 축	347	지구
중 (中)	342	로봇 탱크	345	인공위성 문	348	작은 인공위성
하 (下)	343	우주인	346	로켓	349	작은 인공위성 날개

[340] 달의 장(場) 직접 활용하기

340 =   낱말 결합훈련

341 =   = 34   달
342 =   = 68   방앗간
343 =   = 102   돼지젖

344 =   = 136   버스 바퀴
345 =   = 170   갓의 장
346 =   = 204   샤워기 물구멍

347 =   = 238   나무 장작
348 =   = 272   낫날
349 =   = 306   배의 닻

[350] 담의 장(場)

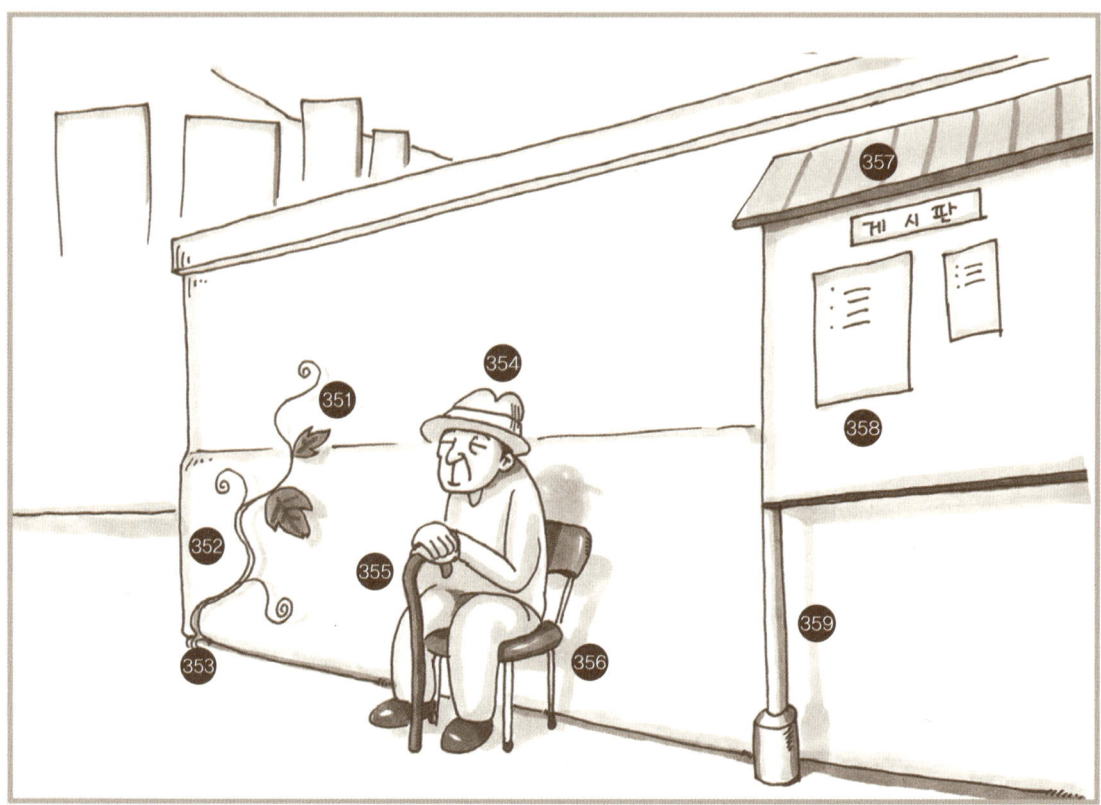

3의 원리	담쟁이덩굴 – 좌(左)		할아버지 – 중(中)		게시판 – 우(右)	
상(上)	351	담쟁이 잎	354	할아버지 모자	357	게시판 지붕
중(中)	352	담쟁이 줄기	355	할아버지 지팡이	358	게시판
하(下)	353	담쟁이 뿌리	356	할아버지 의자	359	게시판 기둥

[350] 담의 장(場) 직접 활용하기

350 =   낱말 결합훈련

351 =   = 35   담
352 =   = 70   사치의 장
353 =   = 105   사료

354 =   = 140   갈매기의 장
355 =   = 175   연 잎
356 =   = 210   낙지의 장

357 =   = 245   들쥐 몸통
358 =   = 280   낭군의 장
359 =   = 315   병아리

[360] 답안지의 장(場)

3의 원리	칠판 - 좌(左)		교탁 - 중(中)		교실 벽 - 우(右)	
상 (上)	361	칠판	364	출석부	367	교훈
중 (中)	362	분필상자	365	교탁	368	급훈
하 (下)	363	분필	366	교탁다리	369	시간표

[360] 답안지의 장(場) 직접 활용하기

360 = 　　　　　　　　　　　　　　　　낱말 결합훈련

361 = 　　　　　　　　　　　= 36　　　답안지

362 = 　　　　　　　　　　　= 72　　　산

363 = 　　　　　　　　　　　= 108　　개 목줄

364 = 　　　　　　　　　　　= 144　　낚시모자

365 = 　　　　　　　　　　　= 180　　강물의 강

366 = 　　　　　　　　　　　= 216　　조개

367 = 　　　　　　　　　　　= 252　　사랑의 배지

368 = 　　　　　　　　　　　= 288　　얼굴가리게

369 = 　　　　　　　　　　　= 324　　재봉틀

[370] 다시마의 장(場)

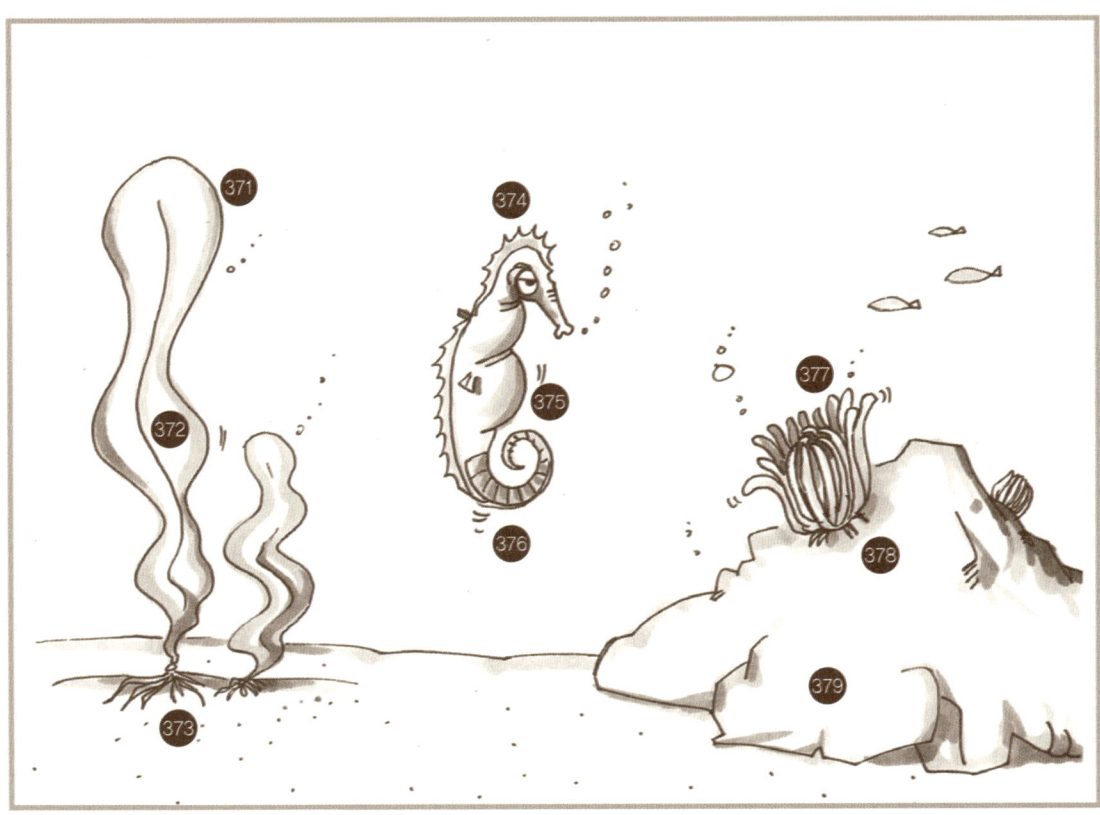

3의 원리	다시마 - 좌(左)		해마 - 중(中)		암초 - 우(右)	
상(上)	371	다시마 잎	374	해마 머리	377	해초 잎
중(中)	372	다시마 줄기	375	해마 배	378	해초 뿌리
하(下)	373	다시마 뿌리	376	해마 꼬리	379	암초

[370] 다시마의 장(場) 직접 활용하기

370 =   낱말 결합훈련

371 =   = 37   다시마
372 =   = 74   쌀가게
373 =   = 111   측량기 렌즈

374 =   = 148   낚시가방
375 =   = 185   낚시줄
376 =   = 222   화병

377 =   = 259   지폐
378 =   = 296   과일 바구니
379 =   = 333   금고 손잡이

[380] 당구장의 장(場)

3의 원리	당구대 – 좌(左)		주판대 – 중(中)		옷걸이 – 우(右)	
상 (上)	381	큐대	384	주판대 위	387	옷걸이 위 봉
중 (中)	382	당구공	385	주판 앞	388	옷걸이
하 (下)	383	당구대	386	주판대 서랍	389	옷걸이 받침

[380] 당구장의 장(場) 직접 활용하기

380 = 　　　　　　　　　　　　　　　　　　　　　낱말 결합훈련

381 = 　　　　　　　　　　　　　　　　= 38　　　당구장

382 = 　　　　　　　　　　　　　　　　= 76　　　삽

383 = 　　　　　　　　　　　　　　　　= 114　　크레인 위

384 = 　　　　　　　　　　　　　　　　= 152　　감나무의 감

385 = 　　　　　　　　　　　　　　　　= 190　　가죽의 장

386 = 　　　　　　　　　　　　　　　　= 228　　꽃삽 중간

387 = 　　　　　　　　　　　　　　　　= 266　　망치 자루

388 = 　　　　　　　　　　　　　　　　= 304　　선장 뿔 모자

389 = 　　　　　　　　　　　　　　　　= 342　　로봇 탱크

[390] 도장의 장(場)

3의 원리	권투 링 - 좌(左)		샌드백 - 중(中)		권투선수 - 우(右)	
상(上)	391	링 줄	394	샌드백 쇠사슬	397	권투 글러브
중(中)	392	연습용 장갑	395	샌드백 끈	398	권투선수 바지
하(下)	393	줄넘기	396	샌드백	399	권투화

[390] 도장의 장(場) 직접 활용하기

390 =

낱말 결합훈련

391 =   = 39   도장

392 =   = 78   상장

393 =   = 117   막대기

394 =   = 156   까치 꼬리

395 =   = 195   무스탕 옷

396 =   = 234   수수 이삭

397 =   = 273   숫돌

398 =   = 312   오리 날개

399 =   = 351   담쟁이 잎

[400] 화초의 장(場)

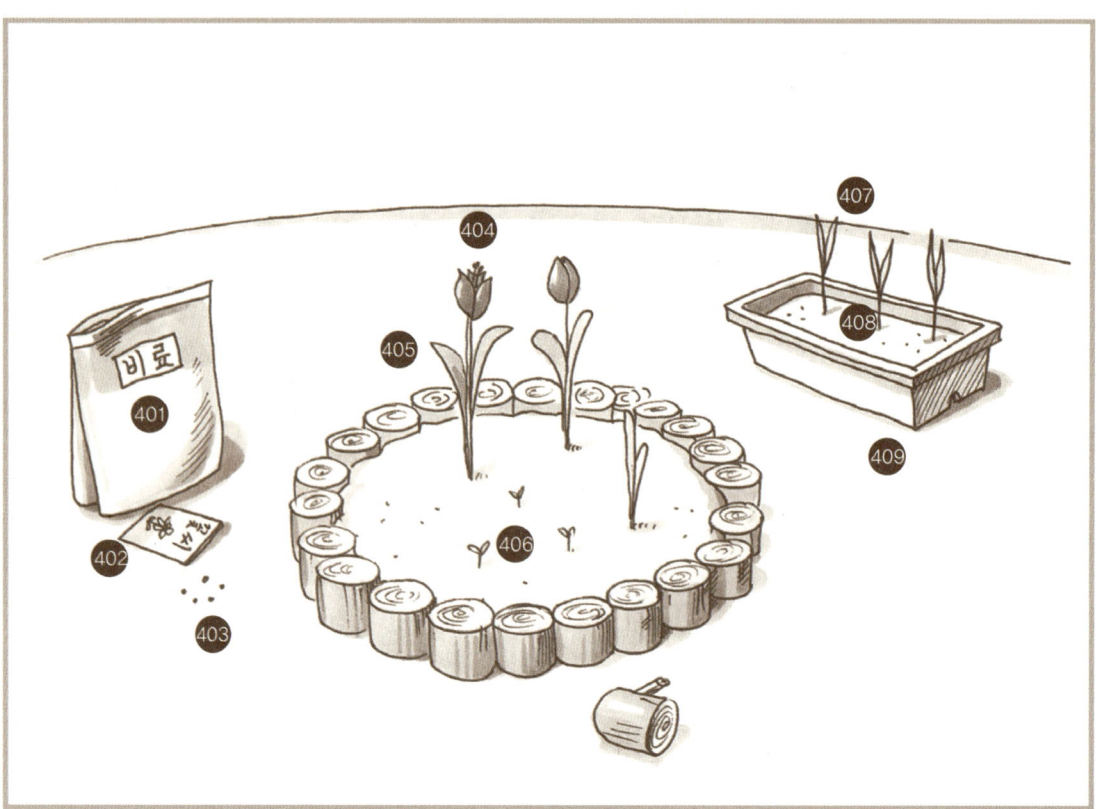

3의 원리	비료 - 좌(左)		화단 - 중(中)		화분 - 우(右)	
상(上)	401	비료 봉지	404	튤립 꽃	407	화분의 싹
중(中)	402	꽃씨봉지	405	튤립 잎	408	화분 흙
하(下)	403	꽃씨	406	튤립 새싹	409	화분

제2장 숫자 - 가나다 기억 공식

[400] 화초의 장(場) 직접 활용하기

400 =   낱말 결합훈련

401 =   = 40   화초

402 =   = 80   아침

403 =   = 120   간장의 장

404 =   = 160   갑옷의 장

405 =   = 200   낮의 장

406 =   = 240   날개의 장

407 =   = 280   낭군의 장

408 =   = 320   단추의 장

409 =   = 360   답안지의 장

[410] 학교의 장(場)

3의 원리	농구대 - 좌(左)		운동장단상 - 중(中)		정문 - 우(右)	
상(上)	411	농구 골판	414	학교 건물	417	교문
중(中)	412	농구 골링	415	단상 위	418	교문 기둥
하(下)	413	농구 골대	416	단상 앞 계단	419	교문 담

[410] 학교의 장(場) 직접 활용하기

410 =   낱말 결합훈련

411 =   = 41   학교

412 =   = 82   안경

413 =   = 123   접시

414 =   = 164   칼자루

415 =   = 205   샤워기 손잡이

416 =   = 246   들쥐 꼬리

417 =   = 287   신랑의 사모

418 =   = 328   바늘꽂이

419 =   = 369   시간표

[420] 한복의 장(場)

3의 원리	할아버지 – 좌(左)		다기상 – 중(中)		윷놀이 – 우(右)	
상 (上)	421	한복 저고리	424	차 주전자	427	윷
중 (中)	422	한복 바지	425	찻 잔	428	멍석
하 (下)	423	한복 대님	426	찻 상	429	윷판

[420] 한복의 장(場) 직접 활용하기

낱말 결합훈련

420 =

421 = = 42 한복
422 = = 84 알
423 = = 126 식용류 통

424 = = 168 거북선 등
425 = = 210 낙지의 장
426 = = 252 사랑의 배지

427 = = 294 바구니 손잡이
428 = = 336 도둑의 구두
429 = = 378 해초 뿌리

[430] 호두의 장(場)

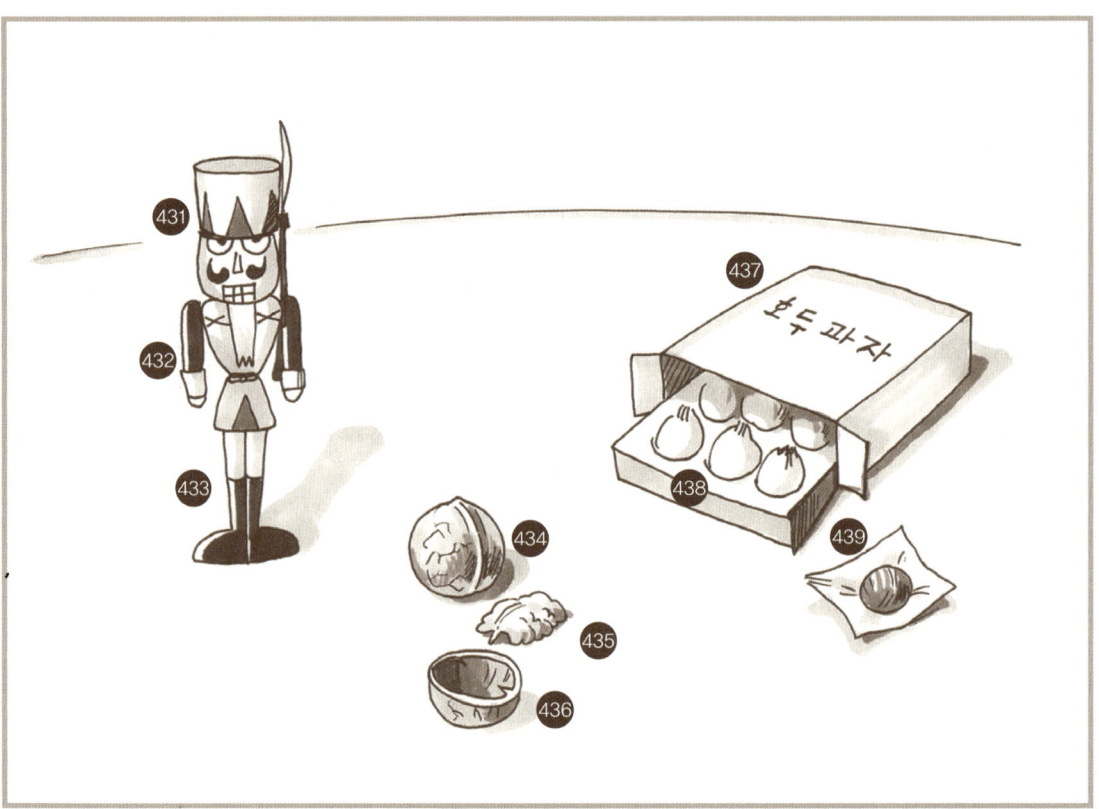

3의 원리	인형 - 좌(左)		호두 - 중(中)		호두과자 - 우(右)	
상(上)	431	인형 모자	434	호두알	437	과자 상자
중(中)	432	인형 팔	435	호두 알맹이	438	호두과자
하(下)	433	인형 다리	436	호두 껍질	439	과자 받침종이

[430] 호두의 장(場) 직접 활용하기

430 =

낱말 결합훈련

431 =   = 43   호두
432 =   = 86   압정
433 =   = 129   밀가루

434 =   = 172   선비의 옷
435 =   = 215   괭이 자루
436 =   = 258   오리털 잠바

437 =   = 301   망원경
438 =   = 344   인공위성 축
439 =   = 387   옷걸이 위 봉

[440] 활의 장(場)

3의 원리	사냥꾼 – 좌(左)		대나무 – 중(中)		호랑이 – 우(右)	
상(上)	441	사냥꾼 모자	444	대나무 잎	447	호랑이 머리
중(中)	442	화살	445	대나무 줄기	448	호랑이 등
하(下)	443	사냥꾼 칼	446	대나무 순	449	호랑이 꼬리

[440] 활의 장(場) 직접 활용하기

440 =   낱말 결합훈련

441 =   = 44   활

442 =   = 88   앙고라

443 =   = 132   간판 기둥

444 =   = 176   연꽃 줄기

445 =   = 220   난초의 장

446 =   = 264   펜치

447 =   = 308   돛

448 =   = 352   담쟁이 줄기

449 =   = 396   샌드백

[450] 함장의 장(場)

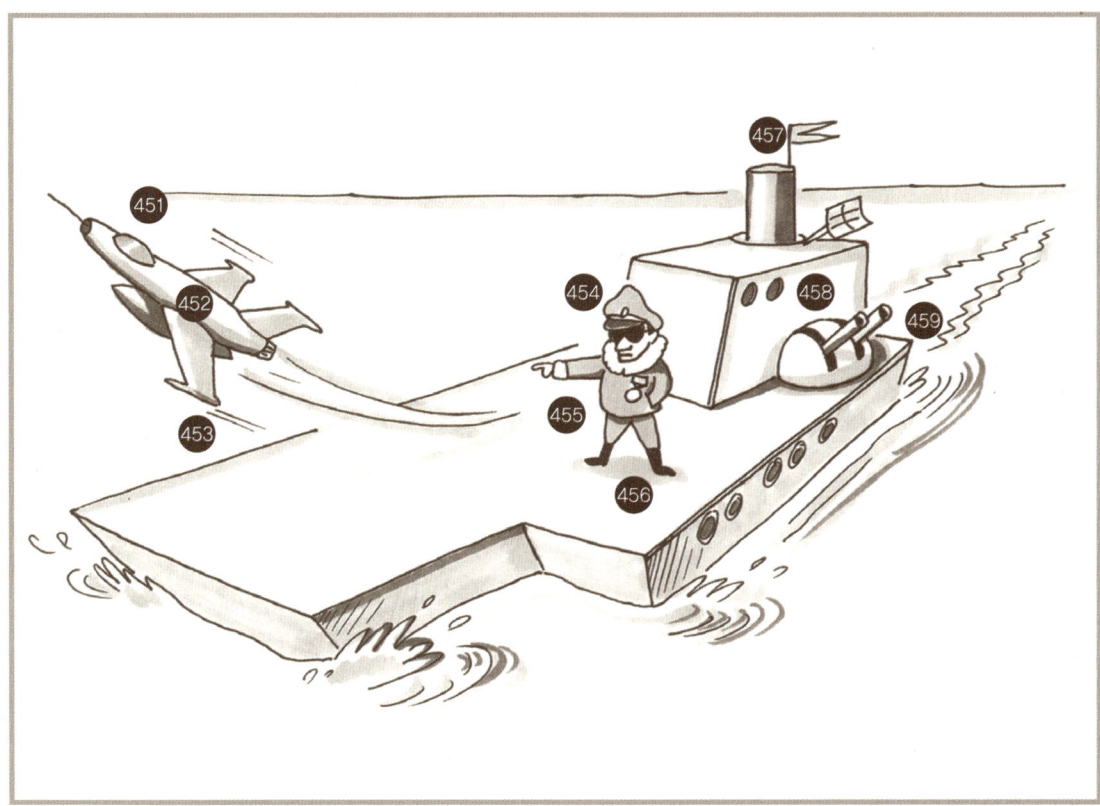

3의 원리	비행기 – 좌(左)		함장 – 중(中)		함선 – 우(右)	
상(上)	451	비행기 조종석	454	함장 모자	457	함실 위
중(中)	452	비행기 몸체	455	함장 훈장	458	함실
하(下)	453	비행기 날개	456	함장 군화	459	함포

[450] 함장의 장(場) 직접 활용하기

450 = _____   낱말 결합훈련

451 = _____   = 45   함장
452 = _____   = 90   자치기
453 = _____   = 135   버스 유리창

454 = _____   = 180   강물의 장
455 = _____   = 225   조로 물통
456 = _____   = 270   낫의 장

457 = _____   = 315   병아리
458 = _____   = 360   답안지의 장
459 = _____   = 405   튤립 잎

[460] 합창대의 장(場)

3의 원리	지휘자 - 좌(左)		합창단원 - 중(中)		피아노 - 우(右)	
상(上)	461	지휘봉	464	남자 합창단	467	피아노 위
중(中)	462	지휘자 옷	465	여자 합창단	468	악보
하(下)	463	지휘자 단상	466	합창단 옷	469	피아노 건반

[460] 합창대의 장(場) 직접 활용하기

460 =   낱말 결합훈련

461 =   = 46   합창대
462 =   = 92   잔
463 =   = 138   풍선

464 =   = 184   대나무 낚시대
465 =   = 230   낟가리의 장
466 =   = 276   볏단

467 =   = 322   실
468 =   = 368   급훈
469 =   = 414   학교 건물

[470] 핫도그의 장(場)

3의 원리	보트 - 좌(左)		핫도그 - 중(中)		테이블 - 우(右)	
상 (上)	471	보트 앞	474	핫도그	477	테이블 위 도너츠
중 (中)	472	보트 조종사	475	핫도그 손잡이	478	테이블
하 (下)	473	모터	476	케첩병	479	테이블 다리

[470] 핫도그의 장(場) 직접 활용하기

470 =   낱말 결합훈련

471 =   = 47   호수

472 =   = 94   자루

473 =   = 141   갈매기 날개

474 =   = 188   스케이트 신발

475 =   = 235   수숫대

476 =   = 282   신부 비녀

477 =   = 329   골무

478 =   = 376   해마 꼬리

479 =   = 423   한복 대님

[480] 항아리의 장(場)

3의 원리	항아리 - 좌(左)		할머니 - 중(中)		마루 - 우(右)	
상 (上)	481	항아리 뚜껑	484	할머니 비녀	487	기둥
중 (中)	482	항아리 손잡이	485	메주 끈	488	마루
하 (下)	483	항아리 밑	486	메주	489	주춧돌

[480] 항아리의 장(場) 직접 활용하기

480 =   낱말 결합훈련

481 =   = 48   항아리

482 =   = 96   잡지

483 =   = 144   낚시모자

484 =   = 192   가죽지갑

485 =   = 240   날개의 장

486 =   = 288   얼굴가리게

487 =   = 336   도둑의 구두

488 =   = 384   주판대 위

489 =   = 432   인형의 팔

[490] 화장품의 장(場)

3의 원리		여인 - 좌(左)		원탁 - 중(中)		여행 가방 - 우(右)
상(上)	491	분첩	494	향수 병	497	가방 손잡이
중(中)	492	거울	495	머리 빗	498	가방
하(下)	493	의자	496	원탁	499	가방 바퀴

[490] 화장품의 장(場) 직접 활용하기

490 =

낱말 결합훈련

491 =   = 49   화장품

492 =   = 98   장기

493 =   = 147   낚시가방 손잡이

494 =   = 196   가죽 부츠

495 =   = 245   들쥐 몸통

496 =   = 294   바구니 손잡이

497 =   = 343   우주인

498 =   = 392   연습용 장갑

499 =   = 441   사냥꾼 모자

[500] 마차의 장(場)

3의 원리	시계 - 좌(左)		여인 - 중(中)		마차 - 우(右)	
상(上)	501	시계 바늘	504	머리 위 장식	507	마차 지붕 위
중(中)	502	시계 시간판	505	하이 힐	508	마차 의자
하(下)	503	시계 기둥	506	드레스	509	마차 바퀴

[500] 마차의 장(場) 직접 활용하기

500 =   낱말 결합훈련

501 =   = 50   마차

502 =   = 100   가축의 장

503 =   = 150   감나무의 장

504 =   = 200   낮의 장

505 =   = 250   냄비의 장

506 =   = 300   닻의 장

507 =   = 350   담의 장

508 =   = 400   화초의 장

509 =   = 450   함장의 장

[510] 막걸리의 장(場)

3의 원리	보따리 – 좌(左)		막걸리병 – 중(中)		지게 – 우(右)	
상(上)	511	보자기 매듭	514	막걸리 병	517	지게
중(中)	512	보따리	515	막걸리 잔	518	지게 멜방
하(下)	513	엽전	516	소반	519	작대기

[510] 막걸리의 장(場) 직접 활용하기

510 =   낱말 **결합훈련**

511 =   = 51   막걸리

512 =   = 102   돼지 젖

513 =   = 153   장대

514 =   = 204   샤워기 물구멍

515 =   = 255   자선냄비통 입구

516 =   = 306   배의 닻

517 =   = 357   게시판 지붕

518 =   = 408   화분 흙

519 =   = 459   함포

[520] 만두의 장(場)

3의 원리		콜라 - 좌(左)		만두 - 중(中)		주전자 - 우(右)
상(上)	521	콜라병	524	젓가락	527	주전자 손잡이
중(中)	522	유리컵	525	만두	528	주전자 뚜껑
하(下)	523	메뉴판	526	찜통	529	주전자

[520] 만두의 장(場) 직접 활용하기

520 =   낱말 결합훈련

521 =   = 52   만두

522 =   = 104   사료 포대

523 =   = 156   까치 꼬리

524 =   = 208   욕조

525 =   = 260   납의 장

526 =   = 312   오리 날개

527 =   = 364   출석부

528 =   = 416   단상 앞 계단

529 =   = 468   악보

[530] 맏아들의 장(場)

3의 원리	액자 – 좌(左)		컴퓨터 – 중(中)		지구본 – 우(右)	
상(上)	531	액자 고리	534	모니터	537	지구본
중(中)	532	맏아들 사진	535	키보드	538	지구본 중간대
하(下)	533	상장	536	마우스	539	지구본 받침

[530] 맏아들의 장(場) 직접 활용하기

530 =   낱말 결합훈련

531 =   = 53   맏아들
532 =   = 106   사료통
533 =   = 159   벌레

534 =   = 212   낙지발
535 =   = 265   망치
536 =   = 318   닭 날개

537 =   = 371   다시마 잎
538 =   = 424   차 주전자
539 =   = 477   도너츠

[540] 말의 장(場)

3의 원리	카우보이 – 좌(左)		사진기사 – 중(中)		풋말 – 우(右)	
상 (上)	541	카우보이 모자	544	카메라	547	새
중 (中)	542	카우보이 조끼	545	필름	548	목장 풋말
하 (下)	543	카우보이 바지	546	카메라 가방	549	풋말 기둥

[540] 말의 장(場) 직접 활용하기

540 =   낱말 결합훈련

541 =   = 54   말

542 =   = 108   개목줄

543 =   = 162   갑옷

544 =   = 216   조개

545 =   = 270   낫의 장

546 =   = 324   재봉틀

547 =   = 378   해초 뿌리

548 =   = 432   인형의 팔

549 =   = 486   메주

[550] 맘모스의 장(場)

3의 원리	원시인 - 좌(左)		맘모스 - 중(中)		두더쥐 - 우(右)	
상(上)	551	원시인 창	554	맘모스 코	557	두더쥐 눈
중(中)	552	원시인 가면	555	맘모스 상아	558	두더쥐 발
하(下)	553	원시인 방패	556	맘모스 다리	559	도토리

[550] 맘모스의 장(場) 직접 활용하기

550 =   낱말 **결합훈련**

551 =   = 55   맘모스

552 =   = 110   각도기의 장

553 =   = 165   칼 중간

554 =   = 220   난초의 장

555 =   = 275   농부

556 =   = 330   도둑의 장

557 =   = 385   주판알

558 =   = 440   활의 장

559 =   = 495   머리 빗

[560] 마부의 장(場)

3의 원리	가로등 – 좌(左)		말 – 중(中)		마부 – 우(右)	
상(上)	561	가로 등불	564	말 머리	567	마부 모자
중(中)	562	가로등 기둥	565	말 등	568	망토
하(下)	563	벤치	566	말 다리	569	채찍

[560] 마부의 장(場) 직접 활용하기

560 =   낱말 결합훈련

561 =   = 56   마부

562 =   = 112   측량판

563 =   = 168   거북선 등

564 =   = 224   조로 물구멍

565 =   = 280   낭군의 장

566 =   = 336   도둑의 구두

567 =   = 392   연습용 장갑

568 =   = 448   호랑이 등

569 =   = 504   머리 위 장식

[570] 맛사지의 장(場)

3의 원리	아가씨 - 좌(左)		오이 - 중(中)		카세트 - 우(右)	
상 (上)	571	맛사지 오일	574	오이	577	전기 콘센트
중 (中)	572	얼굴의 팩	575	접시	578	카세트 안테나
하 (下)	573	베개	576	과일 칼	579	카세트 라디오

[570] 맛사지의 장(場) 직접 활용하기

570 =   낱말 **결합훈련**

571 =   = 57   맛사지

572 =   = 114   크레인 위

573 =   = 171   갓의 챙

574 =   = 228   꽃삽 중간

575 =   = 285   시루떡

576 =   = 342   로봇 탱크

577 =   = 399   권투화

578 =   = 456   함장의 군화

579 =   = 513   엽전

[580] 망치의 장(場)

3의 원리	망치 - 좌(左)		널판 - 중(中)		강아지집 - 우(右)	
상 (上)	581	쇠망치	584	나무널판	587	강아지집
중 (中)	582	못	585	대패	588	강아지 줄
하 (下)	583	자	586	대패밥	589	강아지 밥그릇

[580] 망치의 장(場) 직접 활용하기

580 =　　　　　　　　　　　　　　　　　　낱말 결합훈련

581 =　　　　　　　　　　　　= 58　　　망치

582 =　　　　　　　　　　　　= 116　　크레인 고리

583 =　　　　　　　　　　　　= 174　　연꽃

584 =　　　　　　　　　　　　= 232　　낟가리 지붕

585 =　　　　　　　　　　　　= 290　　낮의 장

586 =　　　　　　　　　　　　= 348　　작은 인공위성

587 =　　　　　　　　　　　　= 406　　튤립의 새싹

588 =　　　　　　　　　　　　= 464　　남자 합창단

589 =　　　　　　　　　　　　= 522　　유리 컵

[590] 모자의 장(場)

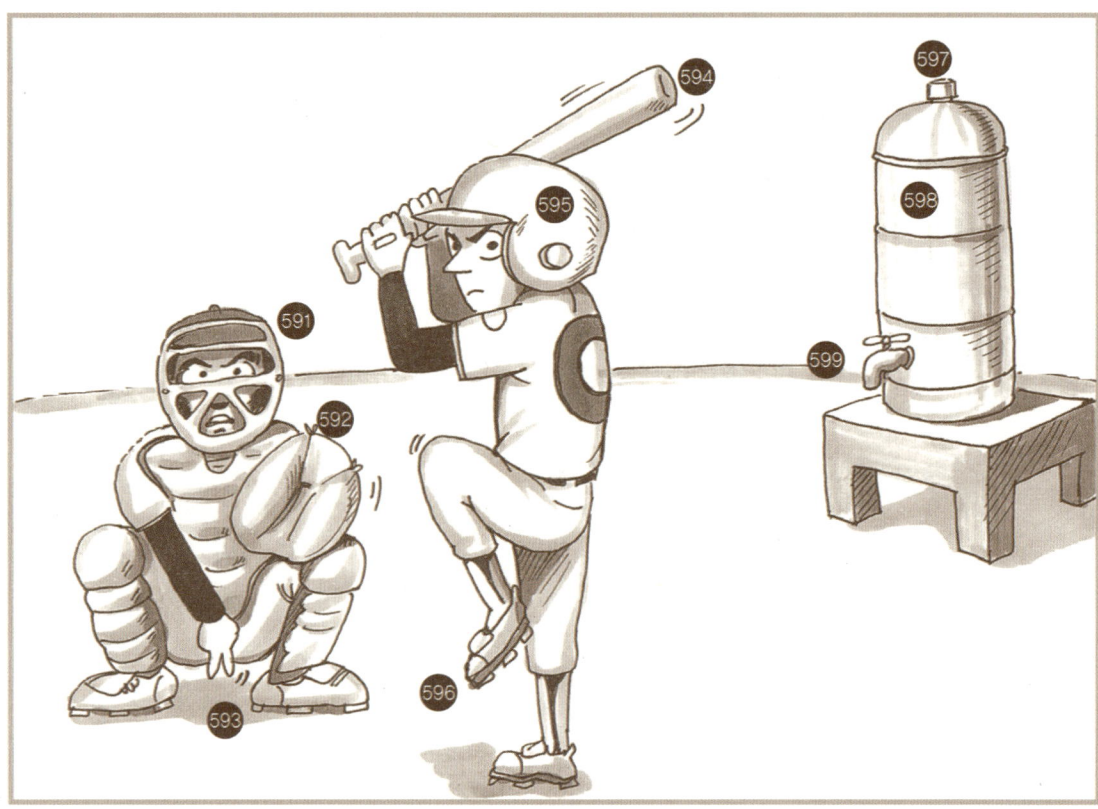

3의 원리	포수 - 좌(左)		타자 - 중(中)		물통 - 우(右)	
상(上)	591	얼굴 보호대	594	야구 방망이	597	물통 뚜껑
중(中)	592	글러브	595	안전모	598	물통
하(下)	593	손가락	596	야구화	599	물통 수도꼭지

[590] 모자의 장(場) 직접 활용하기

590 =

낱말 결합훈련

591 =   = 59   모자
592 =   = 118   안전모
593 =   = 177   솔잎

594 =   = 236   수수잎
595 =   = 295   과일 바나나
596 =   = 354   할아버지 모자

597 =   = 413   농구 골대
598 =   = 472   보트 조종사
599 =   = 531   액자 고리

[600] 보초의 장(場)

3의 원리	드럼통 - 좌(左)		막사 - 중(中)		보초 - 우(右)	
상 (上)	601	드럼통	604	막사 지붕	607	철모
중 (中)	602	모래 주머니	605	막사문	608	총
하 (下)	603	가시 철망	606	경고판	609	군화

[600] 보초의 장(場) 직접 활용하기

600 =   낱말 결합훈련

601 =   = 60   보초
602 =   = 120   간장의 장
603 =   = 180   강물의 장

604 =   = 240   날개의 장
605 =   = 300   닻의 장
606 =   = 360   답안지의 장

607 =   = 420   한복의 장
608 =   = 480   항아리의 장
609 =   = 540   말의 장

[610] 박의 장(場)

3의 원리	박 – 좌(左)		홍부 – 중(中)		초가집 – 우(右)	
상(上)	611	박넝쿨	614	머리띠	617	굴뚝
중(中)	612	박속	615	누더기 옷	618	초가지붕
하(下)	613	보물	616	톱	619	초가집 창문

[610] 박의 장(場) 직접 활용하기

610 =   낱말 결합훈련

611 =   = 61   박
612 =   = 122   새우 튀김
613 =   = 183   썰매 꼬챙이

614 =   = 244   들쥐 머리
615 =   = 305   배 핸들
616 =   = 366   교탁 다리

617 =   = 427   윷
618 =   = 488   마루
619 =   = 549   푯말 기둥

[620] 반지의 장(場)

3의 원리	촛대 - 좌(左)		신랑 - 중(中)		신부 - 우(右)	
상 (上)	621	촛불	624	나비 넥타이	627	진주 목걸이
중 (中)	622	양초	625	양복	628	부케 꽃
하 (下)	623	촛대	626	다이아몬드 반지	629	드레스

[620] 반지의 장(場) 직접 활용하기

620 =   낱말 결합훈련

621 =   = 62   반지
622 =   = 124   튀김채 손잡이
623 =   = 186   고기 뜰채

624 =   = 248   부엉이 가슴
625 =   = 310   닭의 장
626 =   = 372   다시마 줄기

627 =   = 434   호두알
628 =   = 496   원탁
629 =   = 558   두더쥐 발

[630] 받침의 장(場)

3의 원리	옷걸이 - 좌(左)		화분 - 중(中)		세탁기 - 우(右)	
상(上)	631	옷걸이	634	화분의 꽃	637	수도꼭지
중(中)	632	양말	635	화분	638	세탁기
하(下)	633	수건	636	화분 받침	639	빨래

[630] 받침의 장(場) 직접 활용하기

630 =   낱말 결합훈련

631 =   = 63   받침
632 =   = 126   튀김 식용류통
633 =   = 189   스케이트 날

634 =   = 252   사랑의 배지
635 =   = 315   병아리
636 =   = 378   해초뿌리

637 =   = 441   사냥꾼의 모자
638 =   = 504   머리 위 장식
639 =   = 567   마부 모자

[640] 발의 장(場)

3의 원리	남자 - 좌(左)		면도기 - 중(中)		냉장고 - 우(右)	
상(上)	641	발가락	644	면도날	647	냉동실
중(中)	642	대야	645	면도기 손잡이	648	냉장실
하(下)	643	하수구	646	면도기 받침	649	냉장고 다리

[640] 발의 장(場) 직접 활용하기

640 =

641 =   = 64   발
642 =   = 128   그릇
643 =   = 192   가죽 지갑

644 =   = 256   자선냄비통
645 =   = 320   단추의 장
646 =   = 384   주판대 위

647 =   = 448   호랑이 등
648 =   = 512   보따리
649 =   = 576   과일 칼

[650] 밤의 장(場)

3의 원리	밤나무 - 좌(左)		가재 - 중(中)		나비 - 우(右)	
상 (上)	651	밤나무 잎	654	가재 앞발	657	나비의 더듬이
중 (中)	652	밤송이	655	가재 몸통	658	나비 날개
하 (下)	653	알밤	656	가재 꼬리	659	나비 꼬리

[650] 밤의 장(場) 직접 활용하기

650 =   낱말 결합훈련

651 =   = 65   밤
652 =   = 130   가두의 장
653 =   = 195   무스탕 옷

654 =   = 260   납의 장
655 =   = 325   옷감 천
656 =   = 390   도장의 장

657 =   = 455   함장의 훈장
658 =   = 520   만두의 장
659 =   = 585   대패

[660] 밥의 장(場)

3의 원리	밥통 - 좌(左)		찌개냄비 - 중(中)		프라이팬 - 우(右)	
상(上)	661	밥통 뚜껑	664	냄비 뚜껑 손잡이	667	팬 손잡이
중(中)	662	밥주걱	665	냄비 뚜껑	668	프라이팬
하(下)	663	밥통	666	찌개 냄비	669	계란 프라이

[660] 밥의 장(場) 직접 활용하기

660 =   낱말 결합훈련

661 =   = 66   밥
662 =   = 132   버스 간판 기둥
663 =   = 198   혁띠

664 =   = 264   펜치
665 =   = 330   도둑의 장
666 =   = 396   샌드백

667 =   = 462   지휘자 옷
668 =   = 528   주전자 뚜껑
669 =   = 594   야구 방망이

[670] 밧줄의 장(場)

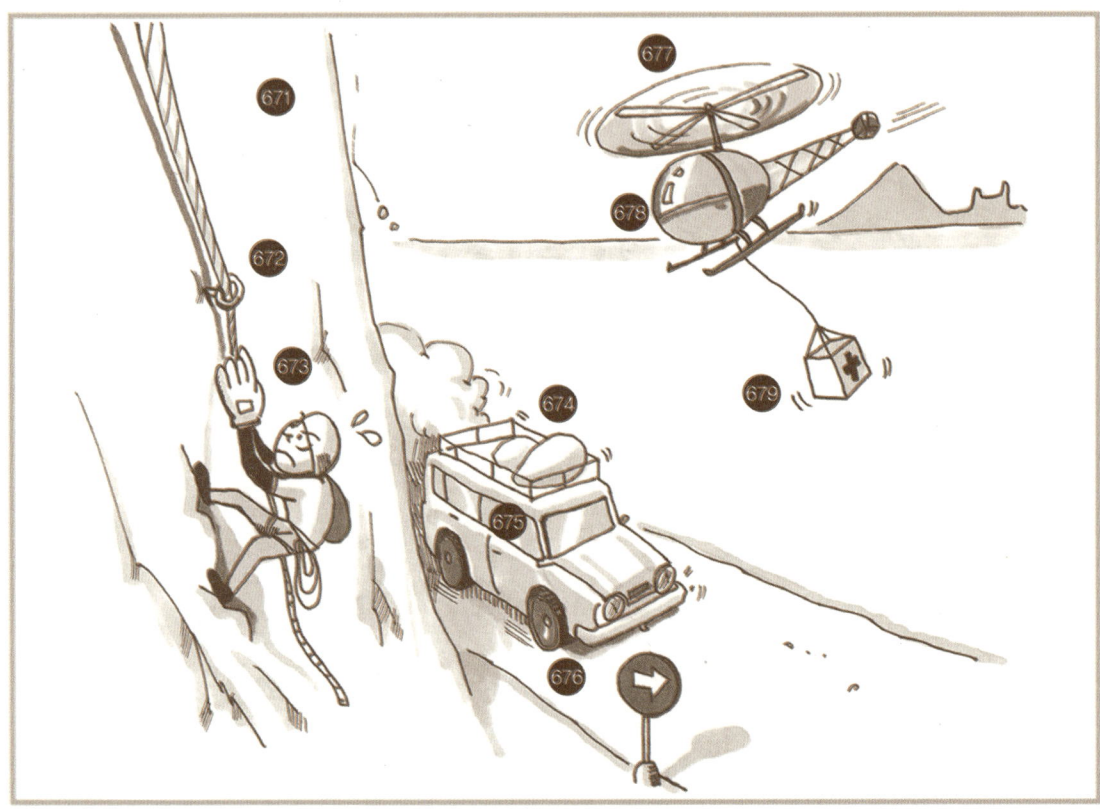

3의 원리	암벽 - 좌(左)		소형자동차 - 중(中)		헬리콥터 - 우(右)	
상(上)	671	암벽	674	소형자동차 지붕	677	프로펠러
중(中)	672	암벽 고리	675	소형자동차 문	678	헬리콥터
하(下)	673	암벽용 장갑	676	소형자동차 바퀴	679	구급약통

제2장 숫자 - 가나다 기억 공식

[670] 밧줄의 장(場) 직접 활용하기

670 =   낱말 결합훈련

671 =   = 67   밧줄
672 =   = 134   버스 환기통
673 =   = 201   거울

674 =   = 268   LPG 가스통
675 =   = 335   마스크 수건
676 =   = 402   꽃씨 봉지

677 =   = 469   피아노 건반
678 =   = 536   컴퓨터 마우스
679 =   = 603   가시 철망

[680] 방앗간의 장(場)

3의 원리	물레방아 – 좌(左)		염소 – 중(中)		스님 – 우(右)	
상 (上)	681	물레방아 지붕	684	염소 뿔	687	단소
중 (中)	682	물구멍	685	염소 목에 종	688	염주
하 (下)	683	물레방아	686	말뚝	689	목탁

[680] 방앗간의 장(場) 직접 활용하기

680 =

낱말 결합훈련

681 = = 68   방앗간

682 = = 136   버스 바퀴

683 = = 204   샤워기 물구멍

684 = = 272   낫날

685 = = 340   달의 장

686 = = 408   화분 흙

687 = = 476   케첩병

688 = = 544   카메라

689 = = 612   박속

[690] 바지의 장(場)

3의 원리	바지 - 좌(左)		남학생 - 중(中)		운동복 - 우(右)	
상 (上)	691	바지걸이	694	남학생 모자	697	옷걸이
중 (中)	692	바지	695	축구공	698	태극기
하 (下)	693	바지 주머니	696	축구화	699	운동복 상의

[690] 바지의 장(場) 직접 활용하기

690 =   낱말 결합훈련

691 =   = 69   바지

692 =   = 138   아이의 풍선

693 =   = 207   세숫비누

694 =   = 276   볏단

695 =   = 345   인공위성 문

696 =   = 414   학교 건물

697 =   = 483   항아리 밑

698 =   = 552   가면

699 =   = 621   촛불

[700] 사치의 장(場)

3의 원리	여인의 오른손 – 좌(左)		여인의 왼손 – 중(中)		해바라기 – 우(右)	
상(上)	701	여인의 팔찌	704	핸드백 손잡이	707	해바라기 꽃
중(中)	702	여인의 시계	705	핸드백 뚜껑 장식	708	해바라기 잎
하(下)	703	여인의 반지	706	핸드백	709	해바라기 줄기

제2장 숫자 - 가나다 기억 공식

[700] 사치의 장(場) 직접 활용하기

700 =

낱말 결합훈련

701 =   = 70   사치

702 =   = 140   갈매기의 장

703 =   = 210   낙지의 장

704 =   = 280   낭군의 장

705 =   = 350   담의 장

706 =   = 420   한복의 장

707 =   = 490   화장품의 장

708 =   = 560   마부의 장

709 =   = 630   받침의 장

[710] 사과나무 싹의 장(場)

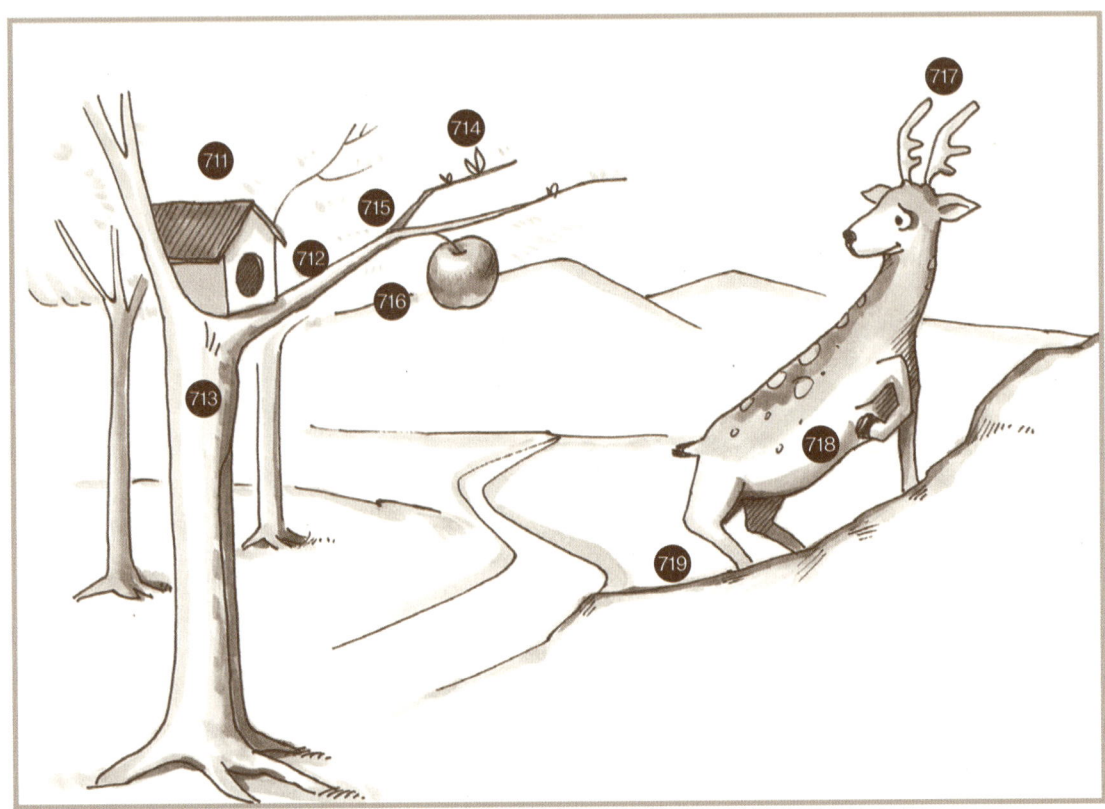

3의 원리	사과나무 줄기 – 좌(左)		사과나무 가지 – 중(中)		사슴 – 우(右)	
상(上)	711	새집 지붕	714	사과나무 싹	717	사슴 뿔
중(中)	712	새집	715	사과나무 가지	718	사슴 배
하(下)	713	사과나무 줄기	716	사과나무 열매	719	사슴 다리

[710] 사과나무 싹의 장(場) 직접 활용하기

710 =   낱말 결합훈련

711 =   = 71   사과나무 싹
712 =   = 142   갈매기 가슴
713 =   = 213   갈고리

714 =   = 284   술병
715 =   = 355   할아버지 지팡이
716 =   = 426   찻상

717 =   = 497   여행가방 손잡이
718 =   = 568   마부의 망토
719 =   = 639   빨래

[720] 산삼의 장(場)

3의 원리	산삼 – 좌(左)		심마니 – 중(中)		나무 – 우(右)	
상(上)	721	산삼 꽃	724	망태기 어깨끈	727	소나무 줄기
중(中)	722	산삼 잎	725	망태기	728	새알
하(下)	723	산삼 뿌리	726	호미	729	소나무 가지

[720] 산삼의 장(場) 직접 활용하기

720 = 　　　　　　　　　　　　　　　　　　　　　낱말 결합훈련

721 = 　　　　　　　　　　　　　　　　= 72　　산삼

722 = 　　　　　　　　　　　　　　　　= 144　낚시 모자

723 = 　　　　　　　　　　　　　　　　= 216　조개

724 = 　　　　　　　　　　　　　　　　= 288　얼굴가리게

725 = 　　　　　　　　　　　　　　　　= 360　답안지의 장

726 = 　　　　　　　　　　　　　　　　= 432　인형의 팔

727 = 　　　　　　　　　　　　　　　　= 504　머리 위 장식

728 = 　　　　　　　　　　　　　　　　= 576　과일 칼

729 = 　　　　　　　　　　　　　　　　= 648　냉장실

[730] 사다리의 장(場)

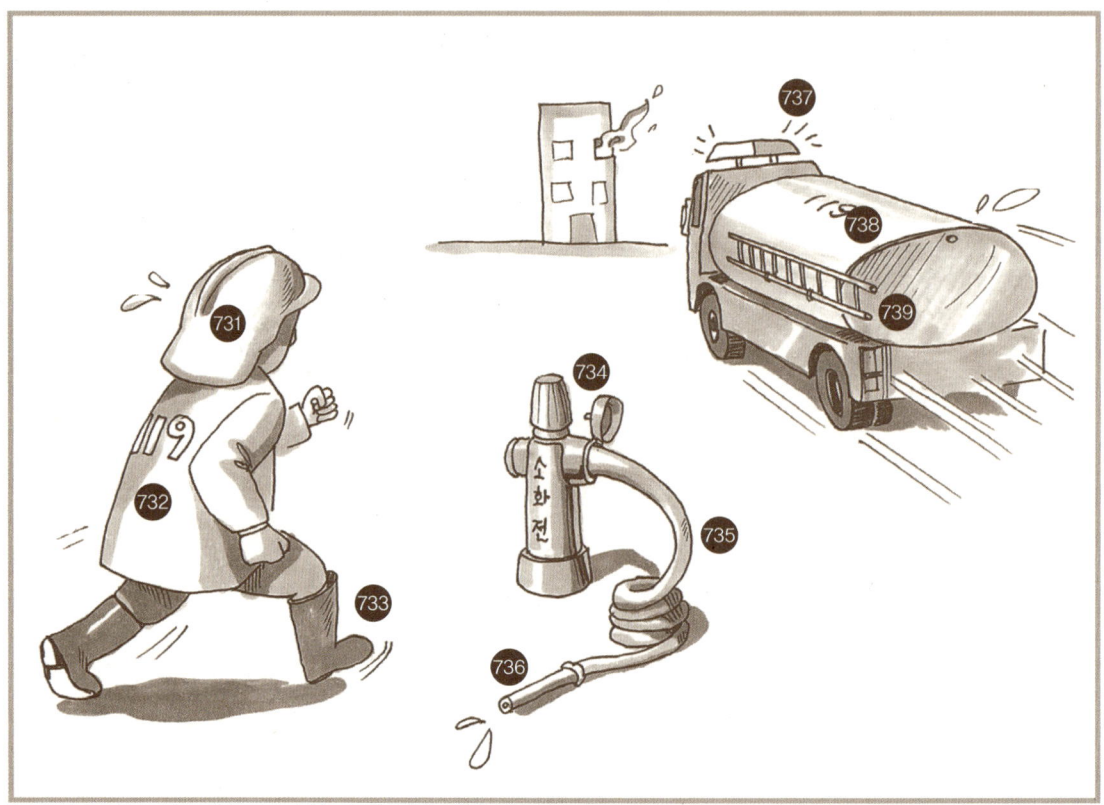

3의 원리	소방수 – 좌(左)		소화전 – 중(中)		소방차 – 우(右)	
상(上)	731	소방수 모자	734	소화전 손잡이	737	소방차 점멸등
중(中)	732	방화복	735	소화전 호스	738	소방차 물 탱크
하(下)	733	방화장화	736	소화전 호스 끝 손잡이	739	소방차 사다리

[730] 사다리의 장(場) 직접 활용하기

730 =   낱말 결합훈련

731 =   = 73   사다리
732 =   = 146   릴 낚싯대
733 =   = 219   미끼통

734 =   = 292   파라솔 파이프
735 =   = 365   교탁
736 =   = 438   호두과자

737 =   = 511   보자기 매듭
738 =   = 584   나무 널판
739 =   = 657   나비의 더듬이

[740] 쌀가게의 장(場)

3의 원리	절구 - 좌(左)		뒷박 - 중(中)		비둘기 - 우(右)	
상(上)	741	절구 공이	744	쌀가마	747	비둘기 부리
중(中)	742	절구	745	큰뒷박	748	비둘기 날개
하(下)	743	키	746	작은 뒷박	749	비둘기 발

[740] 쌀가게의 장(場) 직접 활용하기

740 =   낱말 결합훈련

741 =   = 74   쌀
742 =   = 148   낚시 가방
743 =   = 222   화병

744 =   = 296   과일 바구니
745 =   = 370   다시마의 장
746 =   = 444   대나무 잎

747 =   = 518   지게 멜빵
748 =   = 592   야구 글러브
749 =   = 666   찌개 냄비

[750] 삼겹살의 장(場)

3의 원리	삼겹살 – 좌(左)		상추 – 중(中)		도마 – 우(右)	
상(上)	751	삼겹살	754	상추잎	757	집게
중(中)	752	불판	755	고추	758	가위
하(下)	753	가스 버너	756	마늘	759	도마

[750] 삼겹살의 장(場) 직접 활용하기

750 =   낱말 결합훈련

751 =   = 75   삼겹살

752 =   = 150   감나무의 장

753 =   = 225   조로 물통

754 =   = 300   닻의 장

755 =   = 375   해마 배

756 =   = 450   함장의 장

757 =   = 525   만두

758 =   = 600   보초의 장

759 =   = 675   자동차 문

[760] 삽의 장(場)

3의 원리	삽 – 좌(左)		포크레인 – 중(中)		흙손 – 우(右)	
상(上)	761	삽자루	764	굴착기 앞	767	나무 손잡이
중(中)	762	삽 중간대	765	굴착기 운전석	768	흙손 날
하(下)	763	삽날	766	굴착기 바퀴	769	벽돌

[760] 삽의 장(場) 직접 활용하기

760 =   낱말 결합훈련

761 =   = 76   삽

762 =   = 152   감나무의 감

763 =   = 228   꽃삽 중간

764 =   = 304   선장의 뿔모자

765 =   = 380   당구장의 장

766 =   = 456   함장의 군화

767 =   = 532   맏아들 사진

768 =   = 608   보초의 총

769 =   = 684   염소의 뿔

[770] 삿갓의 장(場)

3의 원리	나그네 - 좌(左)		절 - 중(中)		석탑 - 우(右)	
상(上)	771	나그네 봇짐 끈	774	절 기와 지붕	777	석탑 상단
중(中)	772	나그네 봇짐	775	절 현판	778	석탑 중간
하(下)	773	나그네 짚신	776	절 대문	779	석탑 하단

[770] 삿갓의 장(場) 직접 활용하기

770 =   낱말 결합훈련

771 =   = 77   삿갓
772 =   = 154   까치 부리
773 =   = 231   낟가리 버팀목

774 =   = 308   배의 돛
775 =   = 385   주판알
776 =   = 462   지휘자 옷

777 =   = 539   지구본 받침
778 =   = 616   톱
779 =   = 693   바지 주머니

[780] 상장의 장(場)

3의 원리	성화대 – 좌(左)		선수 – 중(中)		트로피 – 우(右)	
상 (上)	781	성화(불)	784	꽃다발	787	오륜기
중 (中)	782	성화대	785	금메달	788	트로피
하 (下)	783	성화 받침	786	시상대	789	사각받침

[780] 상장의 장(場) 직접 활용하기

낱말 결합훈련

780 =

781 =   = 78   상장
782 =   = 156   까치 꼬리
783 =   = 234   수수 이삭

784 =   = 312   오리 날개
785 =   = 390   도장의 장
786 =   = 468   악보

787 =   = 546   카메라 가방
788 =   = 624   나비 넥타이
789 =   = 702   여인의 시계

[790] 사자의 장(場)

3의 원리	사자 - 좌(左)		곰 - 중(中)		기린 - 우(右)	
상(上)	791	사자 머리	794	곰 머리	797	기린 머리
중(中)	792	사자 몸통	795	곰 배	798	기린 목
하(下)	793	사자 꼬리	796	곰 다리	799	기린 다리

[790] 사자의 장(場) 직접 활용하기

790 =   낱말 결합훈련

791 =   = 79   사자
792 =   = 158   감나무 낙엽
793 =   = 237   장작불

794 =   = 316   먹이통
795 =   = 395   샌드백 끈
796 =   = 474   핫도그

797 =   = 553   원시인 방패
798 =   = 632   양말
799 =   = 711   새집 지붕

[800] 아침의 장(場)

3의 원리	탁상 시계 - 좌(左)		창문 - 중(中)		침대 - 우(右)	
상 (上)	801	자명종 시계	804	태양	807	침대 위 파이프
중 (中)	802	열쇠	805	창문	808	매트리스
하 (下)	803	열쇠고리	806	커튼	809	침대 밑

[800] 아침의 장(場) 직접 활용하기

800 = 　　　　　　　　　　　　　　　　낱말 결합훈련

801 = 　　　　　　　　　　　= 80　　아침

802 = 　　　　　　　　　　　= 160　 갑옷의 장

803 = 　　　　　　　　　　　= 240　 날개의 장

804 = 　　　　　　　　　　　= 320　 단추의 장

805 = 　　　　　　　　　　　= 400　 화초의 장

806 = 　　　　　　　　　　　= 480　 항아리의 장

807 = 　　　　　　　　　　　= 560　 마부의 장

808 = 　　　　　　　　　　　= 640　 발의 장

809 = 　　　　　　　　　　　= 720　 산의 장

[810] 악어의 장(場)

3의 원리	악어 – 좌(左)		물개 – 중(中)		원숭이 – 우(右)	
상 (上)	811	악어 머리	814	물개 이빨	817	원숭이 손
중 (中)	812	악어 등	815	물개 등	818	원숭이 얼굴
하 (下)	813	악어 꼬리	816	물개 발	819	원숭이 꼬리

[810] 악어의 장(場) 직접 활용하기

810 =   낱말 **결합훈련**

811 =		= 81	악어
812 =		= 162	장수의 갑옷
813 =		= 243	독수리 발톱
814 =		= 324	재봉틀
815 =		= 405	튤립 잎
816 =		= 486	메주
817 =		= 567	마부 모자
818 =		= 648	냉장실
819 =		= 729	소나무 가지

[820] 안경점의 장(場)

3의 원리	거울 - 좌(左)		안경 세척기 - 중(中)		유리 진열장 - 우(右)	
상(上)	821	거울	824	세척기 스위치	827	시력판
중(中)	822	안경알	825	세척기	828	진열장 위
하(下)	823	안경다리	826	세척기 다리	829	진열장 아래

[820] 안경점의 장(場) 직접 활용하기

820 =

낱말 결합훈련

821 =   = 82   안경
822 =   = 164   칼자루
823 =   = 246   들쥐 꼬리

824 =   = 328   바늘꽂이
825 =   = 410   학교의 장
826 =   = 492   화장 거울

827 =   = 574   오이
828 =   = 656   가재 꼬리
829 =   = 738   소방차 물 탱크

[830] 오뚝이의 장(場)

3의 원리	오뚝이 - 좌(左)		보행기 - 중(中)		젖병 - 우(右)	
상(上)	831	오뚝이 모자	834	보행기 의자	837	젖병 꼭지
중(中)	832	오뚝이 얼굴	835	보행기 판	838	젖병
하(下)	833	오뚝이 몸통	836	보행기 바퀴	839	분유통

[830] 오뚝이의 장(場) 직접 활용하기

830 =   낱말 결합훈련

831 =   = 83   오뚝이

832 =   = 166   칼끝

833 =   = 249   부엉이 발톱

834 =   = 332 금고 번호 다이얼

835 =   = 415   단상 위

836 =   = 498   여행 가방

837 =   = 581   쇠망치

838 =   = 664 냄비 뚜껑 손잡이

839 =   = 747   비둘기 부리

[840] 알의 장(場)

3의 원리	꿩 – 좌(左)		둥지 – 중(中)		여우 – 우(右)	
상(上)	841	꿩 머리	844	꿩 알	847	여우 머리
중(中)	842	꿩 날개	845	꿩 새끼	848	여우 몸통
하(下)	843	꿩 꼬리	846	꿩 알 껍질	849	여우 꼬리

[840] 알의 장(場) 직접 활용하기

840 =   낱말 결합훈련

841 =   = 84   알
842 =   = 168   거북선 등
843 =   = 252   사랑의 배지

844 =   = 336   도둑의 구두
845 =   = 420   한복의 장
846 =   = 504   여인 머리 장식

847 =   = 588   강아지 줄
848 =   = 672   암벽 고리
849 =   = 756   마늘

[850] 암석의 장(場)

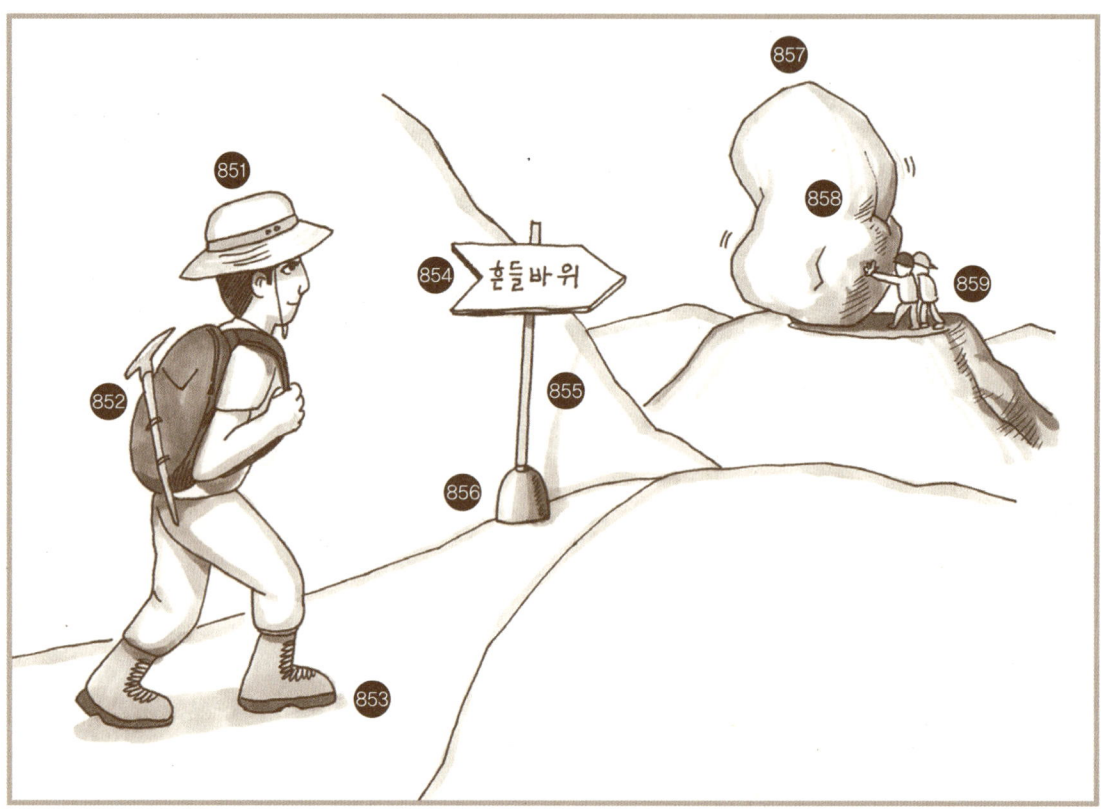

3의 원리	등산객 – 좌(左)		푯말 – 중(中)		흔들바위 – 우(右)	
상(上)	851	등산모	854	푯말	857	흔들바위 위
중(中)	852	배낭	855	푯말 기둥	858	흔들바위 중간
하(下)	853	등산화	856	푯말 아래 고정 받침	859	등산객들

[850] 암석의 장(場) 직접 활용하기

850 = 　　　　　　　　　　　　　　　　　낱말 결합훈련

851 = 　　　　　　　　　　　= 85　　암석

852 = 　　　　　　　　　　　= 170　　갓의 장

853 = 　　　　　　　　　　　= 255　자선냄비통 입구

854 = 　　　　　　　　　　　= 340　　달의 장

855 = 　　　　　　　　　　　= 425　　찻잔

856 = 　　　　　　　　　　　= 510　　막걸리의 장

857 = 　　　　　　　　　　　= 595　　야구 안전모

858 = 　　　　　　　　　　　= 680　　방앗간의 장

859 = 　　　　　　　　　　　= 765　　굴착기 운전석

[860] 압정의 장(場)

3의 원리	포스터 - 좌(左)		선생님 - 중(中)		대걸레 - 우(右)	
상(上)	861	불조심 포스터	864	지시봉	867	대걸레 자루
중(中)	862	칠판 지우개	865	구두	868	걸레
하(下)	863	지우개 털이	866	압정	869	물동이

[860] 압정의 장(場) 직접 활용하기

860 =　　　　　　　　　　　　　　　　　　　　낱말 결합훈련

861 =　　　　　　　　　　　　　　　　= 86　　　압정

862 =　　　　　　　　　　　　　　　　= 172　　선비의 옷

863 =　　　　　　　　　　　　　　　　= 258　　오리털 잠바

864 =　　　　　　　　　　　　　　　　= 344　　인공위성 축

865 =　　　　　　　　　　　　　　　　= 430　　호두의 장

866 =　　　　　　　　　　　　　　　　= 516　　소반

867 =　　　　　　　　　　　　　　　　= 602　　모래 주머니

868 =　　　　　　　　　　　　　　　　= 688　　스님의 염주

869 =　　　　　　　　　　　　　　　　= 774　　절 기와 지붕

[870] 아씨의 장(場)

3의 원리	가마꾼 - 좌(左)		가마 - 중(中)		우물 - 우(右)	
상(上)	871	가마꾼 모자	874	가마 지붕	877	두레박 줄
중(中)	872	가마꾼 저고리	875	가마 창문	878	두레박
하(下)	873	가마꾼 신발	876	가마 바퀴	879	우물

[870] 아씨의 장(場) 직접 활용하기

870 =   낱말 결합훈련

871 =   = 87   아씨

872 =   = 174   연꽃

873 =   = 261   납줄

874 =   = 348   작은 인공위성

875 =   = 435   호두 알맹이

876 =   = 522   유리 컵

877 =   = 609   보초 군화

878 =   = 696   축구화

879 =   = 783   성화 받침

[880] 앙골라의 장(場)

3의 원리	토끼 - 좌(左)		토끼장 - 중(中)		벌집 - 우(右)	
상(上)	881	토끼 귀	884	토끼장 지붕	887	벌통
중(中)	882	토끼 등	885	토끼장 문	888	벌
하(下)	883	토끼 꼬리	886	토끼장 다리	889	꿀 항아리

[880] 앙골라의 장(場) 직접 활용하기

880 =   낱말 **결합훈련**

881 =   = 88   앙고라

882 =   = 176   연꽃줄기

883 =   = 264   펜치

884 =   = 352   담쟁이 줄기

885 =   = 440   활의 장

886 =   = 528   주전자 뚜껑

887 =   = 616   톱

888 =   = 704   핸드백 손잡이

889 =   = 792   사자 몸통

[890] 아저씨의 장(場)

3의 원리	수조	- 좌(左)	진열대	- 중(中)	생선칼	- 우(右)
상(上)	891	고무 호수	894	문어	897	생선칼 자루
중(中)	892	수조	895	아지생선	898	생선칼 날
하(下)	893	광어	896	오징어	899	통나무 도마

[890] 아저씨의 장(場) 직접 활용하기

890 =   낱말 결합훈련

891 =   = 89   아저씨
892 =   = 178   소나무 줄기
893 =   = 267   가스 통 손잡이

894 =   = 356   할아버지 의자
895 =   = 445   대나무 줄기
896 =   = 534   컴퓨터 모니터

897 =   = 623   촛대
898 =   = 712   새집
899 =   = 801   자명종 시계

[900] 자치기의 장(場)

3의 원리	자치기 - 좌(左)		신주머니 - 중(中)		딱지 - 우(右)	
상 (上)	901	작은 막대	904	신주머니	907	딱지
중 (中)	902	큰 막대	905	실내화	908	팽이
하 (下)	903	구슬	906	교과서	909	팽이채

[900] 자치기의 장(場) 직접 활용하기

900 = 　　　　　　　　　　　　　　　　낱말 결합훈련

901 =　　　　　　　　　　= 90　　　자치기

902 =　　　　　　　　　　= 180　　강물의 장

903 =　　　　　　　　　　= 270　　낫의 장

904 =　　　　　　　　　　= 360　　답안지의 장

905 =　　　　　　　　　　= 450　　함장의 장

906 =　　　　　　　　　　= 540　　말의 장

907 =　　　　　　　　　　= 630　　받침의 장

908 =　　　　　　　　　　= 720　　산삼의 장

909 =　　　　　　　　　　= 810　　악어의 장

[910] 작두의 장(場)

3의 원리	약탕관 – 좌(左)		작두 – 중(中)		화로 – 우(右)	
상 (上)	911	약탕관 손잡이	914	작두 손잡이	917	쇠 꼬챙이
중 (中)	912	베 보자기	915	작두 날	918	화로
하 (下)	913	약탕관	916	작두 판	919	화로 다리

[910] 작두의 장(場) 직접 활용하기

910 =   낱말 결합훈련

911 =   = 91   작두

912 =   = 182   썰매 받침목

913 =   = 273   숫돌

914 =   = 364   출석부

915 =   = 455   함장의 훈장

916 =   = 546   카메라 가방

917 =   = 637   수도꼭지

918 =   = 728   새알

919 =   = 819   원숭이 꼬리

[920] 잔의 장(場)

3의 원리	와인 - 좌(左)		선물 - 중(中)		접시 - 우(右)	
상(上)	921	와인 병	924	리본	927	스테이크
중(中)	922	와인 잔	925	선물 상자	928	나이프
하(下)	923	콜크 따게	926	장미꽃	929	포크

[920] 잔의 장(場) 직접 활용하기

920 =   낱말 결합훈련

921 =   = 92   잔

922 =   = 184   대나무 낚싯대

923 =   = 276   볏단

924 =   = 368   급훈

925 =   = 460   합창대의 장

926 =   = 552   원시인 가면

927 =   = 644   면도날

928 =   = 736 소화전 호수 손잡이

929 =   = 828   진열장 위

[930] 자두의 장(場)

3의 원리	자두나무 – 좌(左)		경운기 – 중(中)		교각 – 우(右)	
상(上)	931	자두나무 가지	934	경운기 핸들	937	교각 기둥
중(中)	932	자두나무 잎	935	경운기 의자	938	교각 난간
하(下)	933	자두 열매	936	경운기 짐칸	939	교각 바닥

[930] 자두의 장(場) 직접 활용하기

930 = 　　　　　　　　　　　　　　　　　낱말 결합훈련

931 =　　　　　　　　　　　　　= 93　　자두
932 =　　　　　　　　　　　　　= 186　고기 뜰채
933 =　　　　　　　　　　　　　= 279　허수아비옷

934 =　　　　　　　　　　　　　= 372　다시마 줄기
935 =　　　　　　　　　　　　　= 465　여자 합창단
936 =　　　　　　　　　　　　　= 558　두더쥐 발

937 =　　　　　　　　　　　　　= 651　밤나무 잎
938 =　　　　　　　　　　　　　= 744　쌀 가마
939 =　　　　　　　　　　　　　= 837　젖병 꼭지

[940] 자루의 장(場)

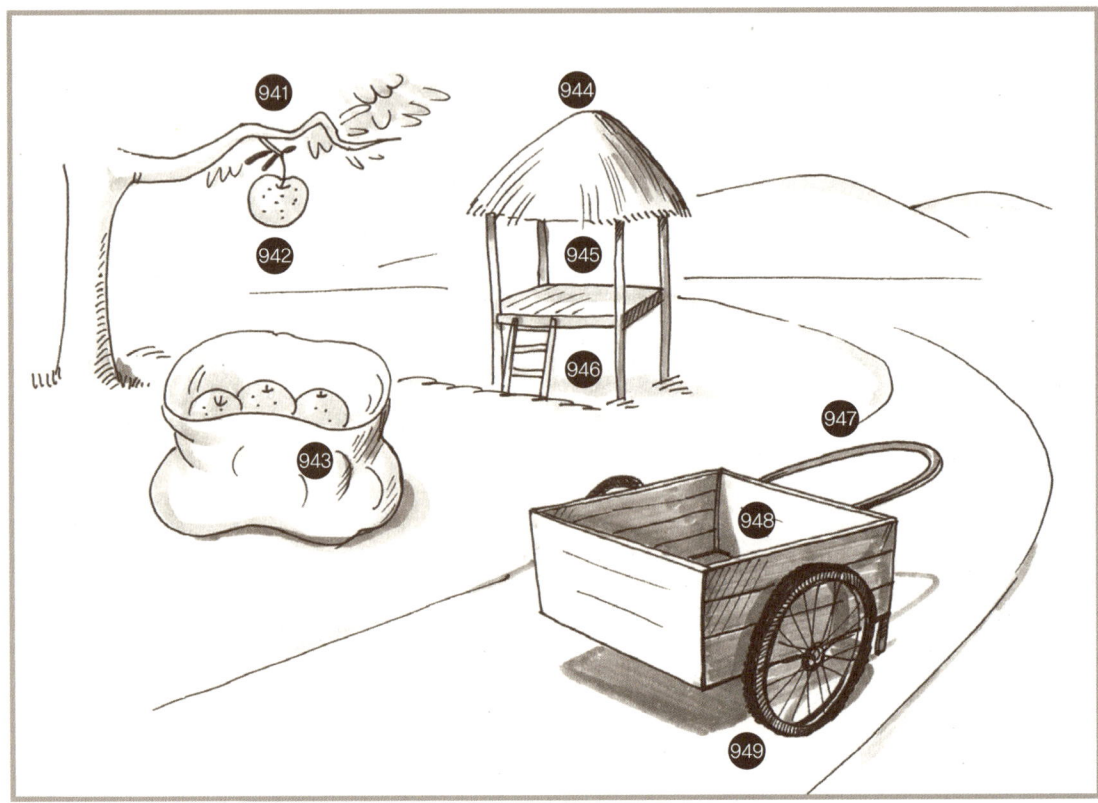

3의 원리	배나무 – 좌(左)		원두막 – 중(中)		리어카 – 우(右)	
상(上)	941	배나무 가지	944	원두막 지붕	947	리어카 손잡이
중(中)	942	배	945	원두막 마루	948	리어카 짐칸
하(下)	943	자루	946	원두막 사다리	949	리어카 바퀴

[940] 자루의 장(場) 직접 활용하기

940 =   낱말 결합훈련

941 =   = 94   자루

942 =   = 188   스케이트 신발

943 =   = 282   신부 비녀

944 =   = 376   해마 꼬리

945 =   = 470   핫도그의 장

946 =   = 564   말머리

947 =   = 658   나비 날개

948 =   = 752   불판

949 =   = 846   꿩알 껍질

[950] 잠자리의 장(場)

3의 원리	잠자리 - 좌(左)		빨랫줄 - 중(中)		달팽이 - 우(右)	
상 (上)	951	잠자리 머리	954	빨랫줄	957	달팽이 머리
중 (中)	952	잠자리 날개	955	빨래 집게	958	달팽이 집
하 (下)	953	잠자리 꼬리	956	빨래 옷	959	나뭇잎

[950] 잠자리의 장(場) 직접 활용하기

950 =

낱말 **결합훈련**

951 =   = 95   잠자리
952 =   = 190   가죽의 장
953 =   = 285   시루떡
954 =   = 380   당구장의 장
955 =   = 475   핫도그 손잡이
956 =   = 570   마술사의 장
957 =   = 665   찌개냄비 뚜껑
958 =   = 760   삽의 장
959 =   = 855   푯말 기둥

[960] 잡지책의 장(場)

3의 원리	카운터 – 좌(左)		잡지책꽂이 – 중(中)		짐수레 – 우(右)	
상 (上)	961	카드 조회기	964	책꽂이 위	967	짐수레 손잡이
중 (中)	962	신용 카드	965	책꽂이 중간	968	짐수레 짐
하 (下)	963	카운터 테이블	966	책꽂이 아래	969	짐수레 바퀴

[960] 잡지책의 장(場) 직접 활용하기

960 =   낱말 결합훈련

961 =   = 96   잡지

962 =   = 192   가죽 지갑

963 =   = 288   신랑 얼굴가리게

964 =   = 384   주판대 위

965 =   = 480   항아리의 장

966 =   = 576   과일 칼

967 =   = 672   암벽 고리

968 =   = 768   흙손 날

969 =   = 864   선생님 지시봉

[970] 잣나무의 장(場)

3의 원리	딱따구리 - 좌(左)		잣송이 - 중(中)		다람쥐 - 우(右)	
상(上)	971	딱따구리 부리	974	잣송이	977	다람쥐 머리
중(中)	972	딱따구리 날개	975	잣나무 솔잎	978	다람쥐 발에 땅콩
하(下)	973	딱따구리 꼬리	976	잣나무가지	979	다람쥐 꼬리

[970] 잣나무의 장(場) 직접 활용하기

970 =   낱말 결합훈련

971 =   = 97   잣
972 =   = 194   목도리
973 =   = 291   파라솔 위

974 =   = 388   옷걸이
975 =   = 485   메주의 끈
976 =   = 582   못

977 =   = 679   구급약 통
978 =   = 776   절 대문
979 =   = 873   가마꾼 신발

[980] 장기의 장(場)

3의 원리	모기향 – 좌(左)		장기판 – 중(中)		할아버지 – 우(右)	
상 (上)	981	모기향	984	장기알	987	담배 파이프
중 (中)	982	모기향 받침	985	장기판	988	부채
하 (下)	983	파리채	986	장기알 통	989	흰 고무신

[980] 장기의 장(場) 직접 활용하기

980 =   낱말 결합훈련

981 =   = 98   장기

982 =   = 196   가죽 부츠

983 =   = 294   과일바구니 손잡이

984 =   = 392   연습용 장갑

985 =   = 490   화장품의 장

986 =   = 588   강아지 줄

987 =   = 686   염소 말뚝

988 =   = 784   꽃다발

989 =   = 882   토끼 등

[990] 자장면의 장(場)

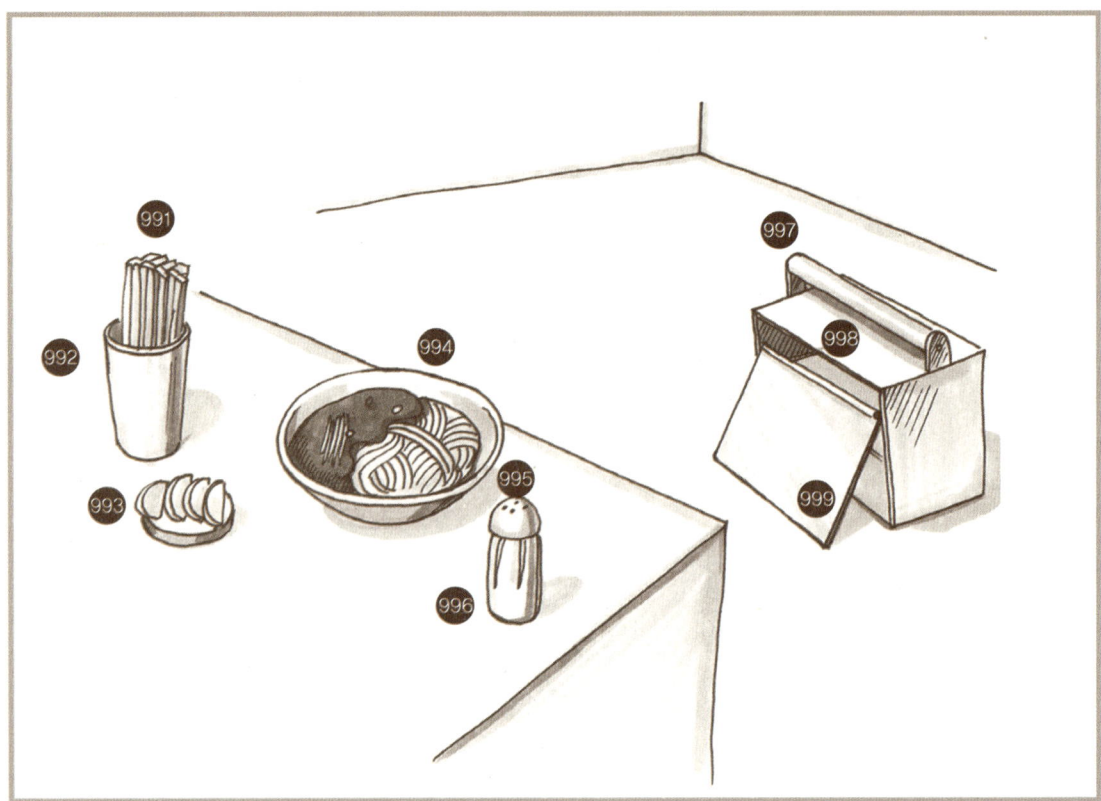

3의 원리	나무젓가락 – 좌(左)		자장면 – 중(中)		배달통 – 우(右)	
상 (上)	991	젓가락	994	자장면 그릇	997	배달통 손잡이
중 (中)	992	젓가락 통	995	후추병 뚜껑	998	배달통
하 (下)	993	단무지	996	후추병	999	배달통 뚜껑

[990] 자장면의 장(場) 직접 활용하기

990 =   낱말 결합훈련

991 =   = 99   자장면

992 =   = 198   혁띠

993 =   = 297   스트로

994 =   = 396   샌드백

995 =   = 495   머리 빗

996 =   = 594   야구 방망이

997 =   = 693   바지 주머니

998 =   = 792   사자 몸통

999 =   = 891   고무 호수

제3장

The Superspeed Memory　　문답 연상 결합 기억

국사 기억

1. 신라의 건국과 성장
* 진한의 여러 나라 중 경주 평야의 사로국에서 시작, 한반도의 동남쪽에 치우침, 왜의 잦은 침략으로 성장이 더디게 되었다.

2. 내물왕(17대) 4세기 후반 : 중앙집권국가의 모습을 갖춤.
* 진한의 여러 나라를 정복 낙동강 유역까지 영토 확장.
* 고구려의 광개토대왕의 도움으로 왜군을 격퇴시킴.
* 김 씨 왕의 세습 확립, 왕호는 마립간(대군장의 뜻) 칭호를 사용했다.

3. 신라 왕호의 변천사
①거서간(군장,제사장)(1대) 박혁거세 ➡

②차차웅(무당.제사장)(2대) 남해 ➡

③이사금(이빨이 많은 연장자)(3대) 유리부터~(16대) 흘해까지 ➡

④마립간(대군장)(17대) 내물부터~(21대) 소지까지 ➡

⑤왕(22대) 지증왕부터~(56대) 경순왕까지

[연상 결합]

나는 ①커서 ②차차 ③이사를 가도 ④마구간처럼 생긴 집이지만 ⑤왕처럼 살고싶다.

4. 골품제도와 정치제도

＊중앙집권 국가로 발전하는 과정에서 왕권을 강화했고, 골품제를 마련해 통치기반을 정비했다.
＊부족장의 세력의 크기에 따라 등급을 두어 중앙귀족 편입하는 과정에서 성립
＊골 : 왕족
(성골):왕이 될 수 있는 최고의 품계, 부모 모두 왕족 혈통인 사람
(진골):부모 가운데 어느 한쪽이 왕족이 아닌 핏줄이 섞인 경우인 사람

 참고

성골은 (28대) 진덕여왕으로부터 대가 끊어지자 (29대)무열왕부터 진골이 왕위 계승하기 시작하였다.

＊품 : 일반 귀족은 6두품 이하의 각 두품
＊3두품 이하는 후에 평민 신분화
＊6두품은 학문과 종교 면에서 활동함.
＊행정구역으로는 <u>수도 6부</u>, <u>지방 5주</u>를 두었다.

※그림을 연상하여 각 무덤의 양식과 고분을 바르게 연결하시오.

① 벽돌 무덤 · · ㉠ 장군총

② 돌무지 덧널 무덤 · · ㉡ 무용총

③ 굴식 돌방 무덤 · · ㉢ 무령왕릉

④ 돌무지 무덤 · · ㉣ 천마총

※무덤의 양식과 고분은 다음 그림을 보고 연상 결합하세요.

무덤의 양식과 고분 연상 결합

 장군총은 돌무지 무덤

중국 지린성[吉林省] 지안현[集安縣] 퉁거우[通溝]의 룽산[龍山]에 있는 고구려의 돌무지 무덤[積石塚]. 기단 1변의 길이 약 33m. 현재의 높이 약 13m. 4세기 후반에서 5세기 전반에 축조된 것으로 추정된다. 왕릉급의 대형 돌무지 무덤으로서, 본래의 모습을 거의 그대로 보존하고 있는 유일한 무덤이다. 장군총 남서쪽에는 유명한 광개토대왕릉비(廣開土大王陵碑)와 태왕릉이 있다.

[그림 연상 기억] 장군이 총을 들고 돌이 무지하게 많은 무덤 앞에 서 있다.

제3장 문답연상 결합 기억

 천마총은 돌무지 덧널무덤

　　신라시대 고분. 경상북도 경주시(慶州市) 황남동(皇南洞)에 있으며 1973년에 발굴되었다. 5~6세기 무렵에 축조된 돌무지 덧널 무덤[積石木槨墳]으로 밑지름 47m, 높이 12.7m의 원형분이다. 이 고분은 신라 소지왕(炤知王) 또는 지증왕(智證王)의 무덤으로 추정되나 확실하지는 않다. 경주 155호분이며, 목곽 안에 천마를 그린 장니(障泥;말다래)와 금관 등 많은 유물이 발견되어 천마총이라 한다.

[그림 연상 기억] 말이 총을 들고 돌무지 덧널 무덤 앞에 서 있다.

무용총은 굴식 돌방 무덤

[무용총(舞踊塚): 묘실 정면의 천장으로 올라가는 부분의 벽화 부분] 중국 둥베이[東北] 지린성[吉林省] 지안현[集安縣] 퉁거우[通溝]에 있는 고구려의 고분벽화(古墳壁畵). 광개토왕릉비의 북서쪽 약 1 km 지점에 위치하며 각저총(角抵塚)과 나란히 있다. 오른쪽 벽은 수렵도(狩獵圖)가 대부분의 면적을 차지하고, 왼쪽 벽에는 주인을 표현한 인물의 기마도(騎馬圖)와 주방 등의 가옥 2동 외에 5명의 남녀 군무상(群舞像), 9명의 합창대상(合唱隊像)이 그려져 있다. 이 장면의 특이함에서 무용총이라고 명명되었는데, [널방 오른벽 벽화 부분, 춤추는 사람들] 춤추는 사람들의 옷색깔에 리듬감 있는 변화를 준 점이 그린 점이 흥미롭다. 건물 옆의 사람을 살펴보면, 두 팔을 일자로 펴면서 뒤로 제끼는 듯한 자세를 취하였으나 적절한 표현법을 찾지 못한 듯 왼팔이 오른쪽 어깨에서 돋아난 듯이 그렸다. 당시의 무용복은 옷저고리의 소매가 매우 길었음을 알 수 있다.

[그림 연상 기억] 굴식 돌무덤 안에서 무용(춤)을 추고있다.

무령왕릉은 벽돌 무덤

　백제 무령왕과 왕비의 무덤. 충청남도 공주시(公州市) 금성동(金城洞)에 위치하며, 송산리 고분군과 함께 풍수지리의 원리에 합당한 곳에 자리잡고 있다. 1971년 7월 우연히 발견되어 그 해 10월까지 4차례에 걸친 발굴을 통해 그 전모가 드러났다. 매장주체시설(埋葬主體施設)은 지면 아래에 광을 파고 벽돌[塼]을 사용하여 축조하였는데, 널방[墓室] 북쪽에 직사각형의 널방[玄室]과 남쪽벽 중앙에 널길[羨道]이 부설되어 있고, 천장은 굴 모양으로 되어 있다.

[그림 연상 기억] 아무말 없이 무령왕이 벽돌 무덤 안에 앉아 있다.

신라의 골품과 관등표 복색 구조화 연상 기억

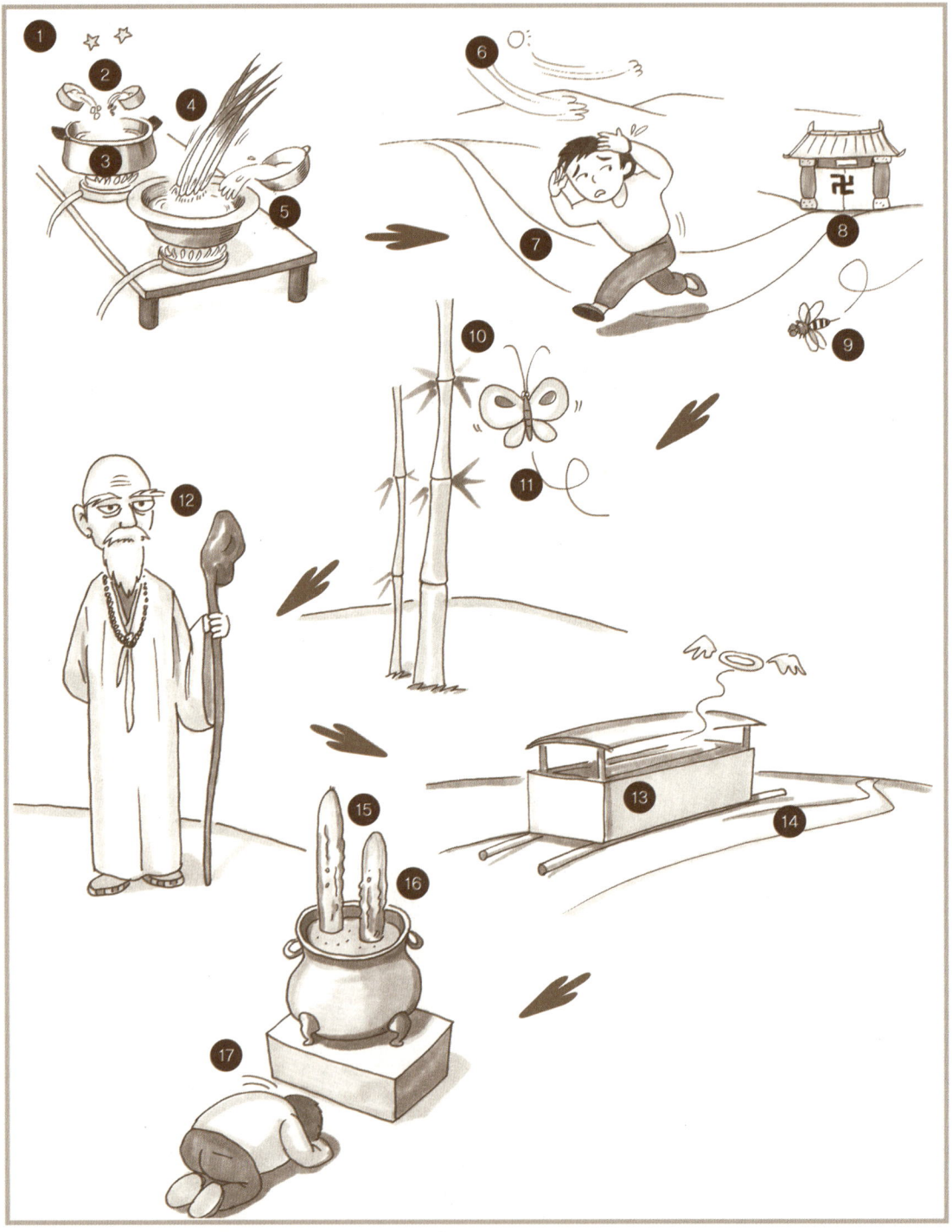

신라의 골품과 복색 관등표 연상기억

잡탕찌개(적색)

1. 이 별이 빛나는 찬 밤에 식사 중
2. 이찬 저 찬을 넣어서
3. 잡찬으로 찌개를 끓이고
4. 파를 무진장으로 넣고
5. 대야에 찬물을 붓고 끓이고 있다.

아침의 하늘이(비색)

6. 아침에 찬 바람이 부는데
7. 일자로 된 이 길을 걸어서
8. 사찰이 있는 데서
9. 급하게 벌을 피한다.

대나무(청색)

10. 대나무 옆에는 나비만
11. 나마 있더라.

사명대사의 옷(황색)

12. 대사를 만나기 위해서
13. 사지에서 오다가
14. 길에서 죽어 길사 했고
15. 대(大)오이와
16. 소(小)오이로
17. 조위를 표한다.

등급	관등명	진골	6두품	5두품	4두품	공복
1	이벌찬					자색
2	이찬					자색
3	잡찬					자색
4	파진찬					자색
5	대아찬					자색
6	아찬					비색
7	일길찬					비색
8	사찬					비색
9	급벌찬					비색
10	대나마					청색
11	나마					청색
12	대사					황색
13	사지					황색
14	길사					황색
15	대오					황색
16	소오					황색
17	조위					황색
관등		골품	골품	골품	골품	

골품과 관등표

삼국의 발달 과정

단 계	시 기	고구려	백제	신라
중앙집권 국가로의 성장	기원전 1세기	부족 연맹 왕국		
	기원전 2세기	왕의 세습 (태조왕)		
	기원전 3세기	5부제 마련 (고국천왕)	국가조직 정비 (고이왕)	
	기원전 4세기	*영토확장 (미천왕) *율령반포, 태학, 불교수용 (소수림왕)	*영토확장 왕의 세습, 전성기 (근초고왕) *불교수용 (침류왕)	*영토확장, 왜구격퇴, 왕위 세습 *마립간 칭호사용 (내물왕)

연상 결합하여 내용적기

- 고구려:[   ]
- 백 제:[   ]
- 신 라:[   ]

 참고

가야에 계속 압력을 가해서 중앙집권 국가로의 발전을 가로 막았던 두 나라는 어느 나라인가? (백제와 신라)
[연상 결합] : 백·신으로 가야의 발전 가로막았다.

가야를 완전히 멸망시킨 나라는? (신라)
[연상 결합] : 가야를 신나게 멸망시키고 가야 해.

제3장 문답연상 결합 기억

작품과 이름 구조화 연상 결합법 1~4

1

1906년에 창간된 사장에 오세창(吳世昌) 발행인 겸 편집인에 신광희(申光熙) 주필은 이인직(李人稙) 등이 발행한 신문으로 "혈의 누"를 연재한 신문은? (   )

① 제국신문   ② 독립신문   ③ 만세보   ④ 황성신문

연 / 상 / 결 / 합

③(二人)두 사람이 쇠창으로 찔러서 피(혈)를 흘리며 누이가 만세를 불렀다.

2

시 「국화 옆에서」는 누구의 작품인가?(   )

① 박목월   ② 서정주   ③ 박두진   ④ 김소월

연 / 상 / 결 / 합

②「국화 옆에서」 서정을 느낀다.

3

오늘날 전해 내려오는 유일한 백제 가요. 한글로 기록된 가장 오래된 노래는? (   )

① 황조가   ② 귀지가   ③ 서동요   ④ 정읍사

연 / 상 / 결 / 합

④지금 현재 전라북도에 현존해있는 정읍은 옛날의 백제의 땅이었다.

4

단편소설. 빈처(貧妻)는 1921년 1월 개벽(開闢) 7호에 발표되었다. 가난한 무명 작가와 순종적인 어진 아내의 이야기를 그린 이 작품은 누구의 작품인가?(   )

① 현진건   ② 염상섭   ③ 김동인   ④ 이효석

연 / 상 / 결 / 합

①현재 가진 건 아무 것도 없이 빈처뿐이다.

작품과 이름 구조화 연상 결합법 5~8

5

한국 최초의 서사시로 알려져 있는 「국경의 밤」은 누구의 시인가? (   )

① 김동인　　　② 이광수　　　③ 박영준　　　④ 김동환

연 / 상 / 결 / 합

④ 「국경의 밤」을 넘어 오는 동안 벌써 환해졌구나.

6

1922년 1월 박영희(朴英熙)·박종화(朴鍾和)·나도향(羅稻香)·홍사용(洪思容) 등이 창간한 문예동인지는? (   )

① 「백조」　　　② 「창조」　　　③ 「폐허」　　　④ 「개벽」

연 / 상 / 결 / 합

① 백조에게 주려고 영희가 종이로 만든 박꽃(花화)을 나도 항상 사용했다.

7

단편소설. 1925년 조선문단에 발표되었다. 주인공 화수분은 부농의 아들이었으나 서울에 올라와 남의 집에서 행랑살이를 한다. 이 소설 「화수분」의 작가는? (   )

① 박종화　　　② 이상화　　　③ 전영택　　　④ 주요한

연 / 상 / 결 / 합

③ 전원의 택지 위에 화분이 수 없이 많다.

8

대한제국 말기에 발행된 「만세보」는 1906년(고종 43) 6월 17일 천도교 교주인 누구의 발의로 창간되었는가? (   )

① 양기탁　　　② 손병희　　　③ 남궁억　　　④ 나수연

연 / 상 / 결 / 합

② 대한제국 말기에 손에 병을 들고 만세를 불렀다.

작품과 이름 구조화 연상 결합법 9~12

9

1908년 11월 「소년」 창간호에 실린 최남선의 작품이다. 우리 나라 최초의 신체시는? (   )

① 「백팔번뇌」   ② 「불놀이」
③ 「심춘순례」   ④ 「해(海)에게서 소년에로」

연 / 상 / 결 / 합

④최 남쪽에선 해에게 소년에게 최초로 신체 보여 주었다.

10

고려 말기 학자가 지은 가전체 소설. 대나무를 의인화하여 절개 높은 부인에 비유한 한문학작품인 「죽부인전」은 누가 지은 것인가? (   )

① 이철   ② 이곡   ③ 임춘   ④ 이규보

연 / 상 / 결 / 합

②대나무로 죽(竹) 만든 소쿠리에 절개 높은 부인이 이 곡식을 머리에 이고 간다.

11

1923년 미국 유학 시절에 '고향생각'이 간절하여 즉흥적으로 만든 것이라 전하여진다. 「그집앞」은 4/4박자이며 선율이 단조롭고 반주부도 화음의 순차적 연결만으로 시종하지만 차분한 느낌을 주는 곡이다. 위 두 곡은 누구 지은 곡인가? (   )

① 김성태   ② 이홍렬   ③ 현제명   ④ 김동진

연 / 상 / 결 / 합

③현재 그 집 앞에서 고향 생각을 한다.

12

「신정국문」을 쓴 사람. 한문자를 쓰지 말고 한글을 쓰자고 주장한 한글 학자는 누구인가? (   )

① 주시경   ② 유길준   ③ 이봉운   ④ 지석영

연 / 상 / 결 / 합

①새로운 국문을 주장한 한글학자의 한글을 주시하고 경청하자.

작품과 이름 구조화 연상 결합법 13~15

13

대동강에서 「배따라기」 노래를 듣고 노래의 주인공 뱃사람은 그를 만나 남다른 사연을 듣게 된다. 「감자」는, 1925년 1월 「조선문단(朝鮮文壇)」에 발표되었다. 가난하지만 정직하게 자란 여주인공 복녀는 돈에 팔려서 만난 게으른 남편 때문에 결국 칠성문 밖 빈민굴로 쫓겨가 살게 된다. 위 제목은 누구의 작품인가?(   )

① 이상화   ② 전영택   ③ 김동인   ④ 박종화

연/상/결/합

③ 함께 가는 동인(同人)이 감자를 먹으면서 대동강에서 배따라간다.

14

조선 후기 실학자 열하견문기. 고종(高宗)의 칠순연(七旬宴)을 축하하기 위하여 중국에 들어가, 성경(盛京)·베이핑(北平)·리허[熱河] 등지를 여행하고 돌아와 그곳 문인·명사들과의 교류 및 문물제도를 접한 결과를 기록한 연행일기(燕行日記)이다.
즉,「열하일기[熱河日記]」는 누가 지은 것인가? (   )

① 박제가   ② 박지원   ③ 이덕무   ④ 홍대용

연/상/결/합

②여행일기를 써오라고 열나게 박박 긁어서 지원해 주었다.

15

1920년 6월에 창간되어 1926년 8월까지 통권 72호를 발간한 월간 종합잡지. 항일운동과 신문화운동을 활발히 전개하던 천도교에서 민족문화실현운동의 일환으로 출간한 언론·학술·종교·문예 등을 게재하였는데 전체지면의 1/3을 문학과 예술면으로 할애하여 문예면을 중요시하였다. 한국 최초의 본격적인 월간 종합잡지는? (   )

① 「백조」   ② 「폐허」   ③ 「장미촌」   ④ 「개벽」

연/상/결/합

④천도교에서 최초로 천지개벽이 될만한 민족문화 월간종합 잡지로 실현운동을 했다.

작품과 이름 구조화 연상 결합법 16

16

김대문 [金大問]은 신라 중기 한산주총관(漢山州摠管)을 지낸 학자·문장가. 진골 출신의 귀족으로 저서로는 「계림잡전(鷄林雜傳)」이 있다. 「계림잡전」은 현존하지 않지만 신라 역사를 다룬 책이라고 짐작할 수 있다.
「삼국사기」에 인용된 글로 보아 신라역사상의 중요한 사건들, 「화랑세기(花郞世記)」화랑세기는 화랑들의 전기서이며, 「고승전(高僧傳)」고승전은 고승들의 전기서로 짐작되나 지금은 일문(逸文)도 전하지 않는다. 「한산기(漢山記)」, 「악본(樂本)」 제목으로 보아 음악에 관한 책이라고 짐작이 되나 자세한 내용은 알수 없다. 위 책의 저술자와 제목을 구조화하여 연상 기억해보자.

연/상/결/합

그림과 함께 연상해보자.

금으로 만든 대문 앞

① 닭을 숲에서 잡아
② 화랑이 들고서
③ 고승에게 전한다
④ 한산 모시로 된 승복을 입고
⑤ 악기처럼 목탁을

작품과 이름 구조화 연상 결합법 17~19

17

「빈상설 (鬢上雪)」 신소설. 1907년 「제국신문」에 연재되다가 1908년에 광학서포(廣學書鋪)에서 출간되었다. 주인공 서정길은 기생 평양집을 들어앉히고 뚜쟁이를 통하여 본처 이씨 부인을 황은율에게 팔아 넘길 흉계까지 꾸몄으나, 이씨 부인의 남동생 승학이 변복을 하여 위기를 넘긴다. 이 작품은 누구의 작품인가? (   )

① 최찬식   ② 이상협   ③ 이해조   ④ 이인직

연/상/결/합

③너무 가난하여 빈 상 위에 있는 이 해초만 먹는다.

18

고려 고종 때 한림의 유자(儒者)들이 합작한 경기체가(景幾體歌). 1215~16년 제작된 것으로 추정되며 경기체가의 효시로 알려져 있다. 당시 무사들이 정권을 잡자 벼슬에서 물러난 문인들이 풍류적이며 도락적인 생활감정을 현실 도피적으로 읊은 노래이다. 경기체가의 첫 작품은? (   )

① 「한림별곡」   ② 「독락팔곡」   ③ 「죽계별곡」   ④ 「화산별곡」

연/상/결/합

①한림의 유자들이 운동 경기에서 첫 번째로 들어온 한 명이 일등이 된다.

19

1728년(영조 4) 고려 말엽부터 편찬 당시까지의 여러 시조를 모은 것으로 현존하는 가집(歌集) 중 편찬 연대가 가장 오래되고 내용이 방대하다. 「해동가요(海東歌謠)」, 「가곡원류(歌曲源流)」와 함께 3대 가집으로 꼽힌다. 청구는 한국, 영언은 노래를 뜻하는 말로, 한자로는 靑丘詠言·靑邱永言 등으로도 표기된다. 「청구영언」이란 이 시조집을 누가 편찬 하였는가? (   )

① 김수장   ② 박효관   ③ 김천택   ④ 정철

연/상/결/합

③천 원을 택했는데 시조 한 곡 청구했다니!

작품과 이름 구조화 연상 결합법 20~23

20

조선 선조 때의 학자 권호문(權好文)이 지은 경기체가. 제목에는 8곡으로 되어 있으나, 실제로는 7곡만이 「송암별집(松巖別集)」에 수록되어 있다. 현존하는 경기체가 가운데 가장 마지막 작품은? (   )

① 「화산별곡」   ② 「독락팔곡」   ③ 「한림별곡」   ④ 「도이장가」

연 / 상 / 결 / 합

②경기도에서 마지막으로 독이나 팔고 간다.

21

작곡가. 평안남도 안주(安州) 출생. 숭실전문(崇實專門) 영문과와 일본 고등음악학교(高等音樂學校)를 졸업했다. 1938년 만주 「신징교향악단(新京交響樂團)」・중앙대학교 예악의 선도적 역할을 하였고 특히 가곡 「가고파」, 「내마음」, 「목련화」 등은 민족의 서정과 향수를 담은 작품으로 널리 불려지고 있다. 누가 작곡한 것인가? (   )

① 현재명   ② 김동진   ③ 김태성   ④ 홍난파

연 / 상 / 결 / 합

②동쪽으로 진짜 가고파 내 마음은 목련화가 핀 곳으로

22

전염병 관리상 환경 위생 개선이 가장 중요한 전염병은? (   )

① 장티푸스   ② 결핵   ③ 두창   ④ 백일해

연 / 상 / 결 / 합

①환경위생개선이 안 돼서 탈이 나면 장이 좋지 않다.

23

한글학자. 호는 한힌샘. 황해도 봉산(鳳山) 출신. 1890년 (고종 27)부터 한문을 배우다가 1894년 상경, 배재학당(培材學堂)에 입학, 스스로 국어・국문의 과학적 연구를 개척하기 시작한 한글 학자는? (   )

① 신경준   ② 주시경   ③ 유희   ④ 최세진

연 / 상 / 결 / 합

②한글을 어떻게 만들었는지 잘 주시하고 경청해야 한다.

작품과 이름 구조화 연상 결합법 24~27

24

고려 때 임춘(林椿)이 지은 가전체설화(假傳體說話). 술을 의인화하여 지은 풍자설화로 된 문학작품은? ( )

① 「화왕계」　　② 「공방전」　　③ 「국순전」　　④ 「저생전」

연 / 상 / 결 / 합

③술을 많이 마시면 아침에는 순전히 국만 찾는다.

25

노산(鷺山) 이은상(李殷相)의 시에 곡을 붙인 한국 가곡의 하나. 3/4박자·사장조·보통빠르기로 "내 고향 남쪽바다"로 시작되는 「가고파」는 누가 작곡한 것인가? ( )

① 김성태　　② 현재명　　③ 홍난파　　④ 김동진

연 / 상 / 결 / 합

④동심으로 진짜 돌아가고파 내 고향 남쪽 바다로.

26

고려 인종 때 문인 임춘(林椿)이 지은 가전체소설(假傳體小說) 중 한문으로 되어 있다. 엽전을 의인화해서 만든 문학 작품은? ( )

① 「국순전」　　② 「저생전」　　③ 「죽부인전」　　④ 「공방전」

연 / 상 / 결 / 합

④사람들은 돈 때문에 항상 공방전을 벌인다.

27

고려 말기 학자 이곡(李穀)이 지은 가전체 소설. 대나무를 의인화하여 절개 높은 부인에 비유한 한문학 작품은? ( )

① 「저생전」　　② 「죽부인전」　　③ 「화왕전」　　④ 「국순전」

연 / 상 / 결 / 합

②대나무처럼 절개가 곧은 부인은 죽부인이다.

작품과 이름 구조화 연상 결합법 28~30

28

조선 후기 안정복(安鼎福)이 쓴, 단군 조선으로부터 고려 말까지를 다룬 통사적인 역사책. 본편 17권, 부록 3권으로 되어 있으며, 서술체재는 편년체이나 주자의 「자치통감강목(資治通鑑綱目)」의 형식에 의하여 강(綱)과 목(目)으로 서술된 실학기의 대표적 역사 서적은? (   )

① 「동국병감」   ② 「해동서적」   ③ 「동사강목」   ④ 「동국통감」

연/상/결/합

③안정하게 정복했는데 동사하고 강가에서 목메어 죽었다.

29

신라 경덕왕 때 지은 향가의 하나. 「삼국유사(三國遺事)」에 의하면, 경덕왕 19년 4월 1일에 해가 둘 나타나서 열 흘 동안 없어지지 않으므로, 산화공덕(散花功德)의 연승(緣僧)으로 뽑혀 「도솔가」를 부르니 괴변이 없어졌다고 한다. 내용은, 떨기꽃을 통해 미륵불을 모시겠다는 일반적인 불찬(佛讚)의 노래이며, 향찬(鄕讚)의 전형적인 것이다. 「도솔가」를 지은이는? (   )

① 월명사   ② 득오곡   ③ 충담사   ④ 처용랑

연/상/결/합

①(明月)달 밝은 밤에 도에서 솔까지 부른다.

30

888년(신라 진성여왕 2)에 각간(角干) 위홍(魏弘)과 함께 왕명을 받아 편찬한 향가집. 책이 전하지 않아 권수와 책수 등은 알 수 없다. 단지 "삼대" 라는 말 이 신라의 상대·중대·하대를 뜻하고, "목" 은 절목(節目) 혹은 요목(要目) 이라는 뜻으로, 내용의 분류체계의 조목에 쓰인 것으로 보인다. 「삼대목」의 저자는? (   )

① 월명사   ② 최지원   ③ 대구화상   ④ 충담사

연/상/결/합

③삼대 째 목구멍에 대구탕을 끓여먹다 화상을 입었다.

237

작품과 이름 구조화 연상 결합법 31~34

31

세계에서 가장 오래된 목판 인쇄물이 발견된 곳은?

① 다보탑   ② 정림사지 5층석탑
③ 익산 미륵사지 석탑   ④ 석가탑

연/상/결/합

④ 가장 오래된 목판 인쇄물이 있다고 석가모니가 석가탑에 있다고 알려주었다.

32

시인·소설가. 본명은 김해경(金海卿). 서울 출생. 보성고등보통학교를 거쳐 1929년 경성고등공업학교 건축학과를 졸업, 말년에 「날개(1936)」,「종생기(1937)」,「동해(童骸,1937)」 등 소설을 발표하였다.

① 황석우   ② 김동환   ③ 최재서   ④ 이상

연/상/결/합

④이상이 없던 날개에 종기가 생기면 동해바다로 간다.

33

고혈압 환자에게 제한되어야 할 식품은? (   )

① 식염   ② 양배추   ③ 당근   ④ 단백질

연/상/결/합

①식염을 넣어 음식이 짜면 열 받으니 혈압이 올라 고혈압환자는 안 좋다.

34

인체의 피부를 통해서도 감염되는 기생충병은? (   )

① 회충병   ② 요충병   ③ 십이지장충병 ④ 편충병

연/상/결/합

③인체피부에 12자를 새기면 감염 때문에 지장이 있다.

제3장 문답연상 결합 기억

작품과 이름 구조화 연상 결합법 35~38

35

보건 요원 훈련을 맡아보는 기관은? (　　)

① 종합병원　　　　　② 국립보건연구원
③ 국립의료원　　　　④ 간호협회

연 / 상 / 결 / 합

②보건요원 훈련은 나라에서 보건을 연구한다.

36

특정 동물과 연결시켜 숭배한 사상은? (　　)

① 토테미즘　　　　　② 애니미즘
③ 선민사상　　　　　④ 샤머니즘

연 / 상 / 결 / 합

①동물과 연결시키니 토끼가 생각난다.

37

한 마을을 단위로 공동생산, 공동경작 및 노동량에 따라 분배하는 여전제를 주장하였다.(　　)

① 이익　　　　　　　② 정약용
③ 박지원　　　　　　④ 유형원

연 / 상 / 결 / 합

②약용으로 쓸 것을 공동생산 공동 경작하여 노동량에 따라 분배하는 것을 여전히 주장했다. 정약용이.

38

군인의 유가족이나 하급관리에게 지급한 토지는? (　　)

① 한인전　　② 공신전　　③ 공음전　　④ 구분전

연 / 상 / 결 / 합

④고려 때 군인의 유가족 밭(田:전)을 구분해 나누어 주었다.

작품과 이름 구조화 연상 결합법 39~42

39

보건소법이 공포된 해는? (   )

① 1964년 2월 1일   ② 1962년 9월 24일
③ 1962년 7월 31일   ④ 1962년 5월 20일

연 / 상 / 결 / 합

②보건소법이 공포된 날은 아이구(19) 유리(62) 구두(9월)신고 이사(24)하는 날.

40

폐결핵의 전염 경로는? (   )

① 오염 물질   ② 오염된 우유   ③ 흡인   ④ 파열된 피부

연 / 상 / 결 / 합

③담배를 흡입하면 연기가 폐로 들어간다.

41

산업장 근로자를 위한 산업 재해 보상 보험법에 의한 재해 보상은 몇 등급으로 되어 있는가? (   )

① 8등급   ② 10등급   ③ 12등급   ④ 14등급

연 / 상 / 결 / 합

④재해보상등급을 더 이상 갈(14)라서 등급을 매길 수 없다.

42

업무상 상해에 지불되는 재해 보상의 최대 금액은? (   )

① 평균 임금의 500일 분   ② 평균 임금의 1,000일 분
③ 평균 임금의 1,340일 분   ④ 평균 임금의 1,500일 분

연 / 상 / 결 / 합

③재해보상이 최대금액은 평균임금으로 가두(13) 화초(40)분을 놓았다.

작품과 이름 구조화 연상 결합법 43~46

43

민족주의사관을 정립하고자 했던 사학자 중 「한국독립운동지혈사」를 저술한 인물은? (   )

① 신채호   ② 정인보   ③ 박은식   ④ 문일평

연 / 상 / 결 / 합

③한국독립운동때 은신중에 피가 은박지로 지혈했다.

44

청구학회를 중심으로 한 일본 어용학자들의 왜곡된 한국학 연구에 반발하여 조직한 단체는?(   )

① 조선어학회   ② 진단학회
③ 대한광문회   ④ 조선사편수회

연 / 상 / 결 / 합

②왜곡된 한국학을 정확히 진단한다.

45

다음 현진건의 작품 중 인습적인 제도에 대한 저항을 줄거리로 하는 것은? (   )

① 「고향」   ② 「불」   ③ 「술 권하는 사회」   ④ 「빈처」

연 / 상 / 결 / 합

③예전부터 내려오는 술 권하는 사회에서 현재도 권한다.

46

다음 중 신교육, 자유 결혼의 내용을 담고 있는 작품은? (   )

① 「귀의 성」   ② 「자유종」   ③ 「추월색」   ④ 「혈의 누」

연 / 상 / 결 / 합

④신교육과 자유결혼은 누구에게나 피(혈)나게 노력해야한다.

작품과 이름 구조화 연상 결합법 47~50

47

최초의 월간 종합지로서 최남선의 「해에게서 소년에게」가 실린 잡지는? (   )

① 「한성순보」   ② 「제국신문」   ③ 「소년」   ④ 「만세보」

연 / 상 / 결 / 합

③해에게서 소년에게는 소년이 좋아하는 잡지에 실렸다.

48

소설 구성의 3요소는? (   )

① 작가 · 독자 · 인물   ② 주제 · 구성 · 문체
③ 인물 · 사건 · 배경   ④ 사건 · 주제 · 인물

연 / 상 / 결 / 합

③소설 구성의 3요소는 잘난 인물이 사건을 만들어 좋은 배경이 어울려야 한다.

49

학술 논문이나 법조문 등에 주로 쓰이는 문체는? (   )

① 만연체   ② 건조체   ③ 화려체   ④ 우유체

연 / 상 / 결 / 합

②학술논문이나 법조문 등이 중요한 글씨가 번지지 않으려면 습기나 물기 없이 건조해야 된다.

50

다음과 같은 신석기 시대의 유물이 출토된 유적지로 올바른 것은? (   )

민무늬 토기 출토, 온돌과 비슷한 난방 장치 발굴
머리가 동쪽으로 향한 무덤 발굴

① 웅기 굴포리   ② 덕천 승리산 동굴
③ 단양 금굴   ④ 부산 동삼동

연 / 상 / 결 / 합

①웅기 속에 굴을 따서 포장해 놨다.

작품과 이름 구조화 연상 결합법 51~53

51

고려 태조 왕건이 후삼국을 통일할 수 있었던 가장 중요한 요인은? (   )

① 중국과 우호 관계를 맺었다.
② 고구려를 계승하였다.
③ 많은 호족과 결혼을 하였다.
④ 신라에 우호적인 태도를 취하였다.

연 / 상 / 결 / 합
③고려왕이 건국을 위해서라면 많은 호족과 결혼하여 내편으로 만들고 나서 후삼국을 통일하였다.

52

다음 〈보기〉의 내용이 시대순으로 바르게 된 것은? (   )

보기 ㉠ 삼국사 절요 ㉡ 유기 ㉢ 삼국유사 ㉣ 고려사

① ㉠, ㉡, ㉢, ㉣   ② ㉡, ㉢, ㉣, ㉠
③ ㉡, ㉠, ㉢, ㉣   ④ ㉠, ㉡, ㉣, ㉢

연 / 상 / 결 / 합
② 유기는 삼국이 유사하고 고려해야 할 것은 삼국사 절요이다.

53

승려·시인·독립운동가. 본명은 정옥(貞玉), 아명은 유천(裕天). 법명은 용운, 법호는 만해(萬海, 卍海). 1919년 3·1운동 때 민족대표 33명의 한 사람으로 「독립선언서」에 서명, 체포되어 3년간 옥고를 치렀다. 1926년 시집 「님의 침묵」을 내 놓고 문학활동을 전개하였다. 이 시인은 누구인가? (   )

① 한용운   ② 정철   ③ 윤동주   ④ 이육사

연 / 상 / 결 / 합
①님이 침묵하는 것은 한 마리의 용 운이 있었기 때문이다.

제4장

The Superspeed Memory 문장 기억 방법

시 문장을 기억하는 방법

어떠한 문장을 기억하려면 먼저 문장의 내용을 분석하고 이해하고 나서 기억하고자 할 문장의 내용을 조화시켜 구조화(構造化)하여 순서에 맞게 입체화(立體化)시켜야 한다. 문장의 내용을 읽는다면 그것이 곧 음(音)이 되며, 이 문장의 내용을 형(形)으로 하여 위치(位置)에 맞게 구조화가 잘 이루어져야 한다.

그림으로써 기억하고자 하는 그 내용의 장면을 포토스크린(photoscreen)화하여 쉽게 기억하게 되는 것이다. 기억된 그 모든 내용은 그림을 연상하게 되므로 오래도록 잊어버리지 않고 내가 필요할 때 언제든 꺼내어(output) 연상하여 볼 수 있게 되는 것이다.

책의 목차만 알아도 책의 전체의 내용이 파악되므로, 큰 제목과 소제목만 알아도 문장 전체의 내용을 알 수 있게 되는 것이다. 목차 기억법은, 기억하고자 하는 목차를 시각화(視覺化)하여 전체구조를 한눈에 파악할 수 있게 하는 것이 매우 중요하다.

시각화는 전체를 보고 사고(思考)할 수 있으므로 이 방법을 사용하는 것이 매우 효과적이라 할 수 있다. 공부를 남보다 몇 배 더 열심히 했음에도 불구하고 성적이 오르지 않거나 공부한 내용을 잘 이해하지 못하는 것은 학습내용 정리가 미흡하기 때문이다.

대부분 기억력이 좋고 나쁨이 아니라 학습방법에 차이가 있는 것이다. 공부를 잘 하는 사람은 목차를 머릿속에 그려놓고 연상하는 방법을 잘 알고 있는 사람이다. 목차를 알면 내용이 보인다. 시험 공부할 때 목차를 기억하는 것은 중요하다.

목차기억방법은, 누구나 터득할 수 있도록 시각화하여 전체의 내용을 한 눈에 볼 수 있게 한 장으로 정리하여 구조화하여야 한다. 내용을 읽어나갈 때 필요한 학습내용을 다시 떠올리기 위해서는 전체구조화가 머릿속에 저장되어 있어야 한다.

다음의 내용을 구조화하여 기억해 보기 바란다.

산 유 화

김 소 월

■바탕 그림 산 위에다 직접 꽃이나 새 등을 그려서 시를 기억해 보세요.

① 산에는 꽃피네. 꽃이피네. 갈 봄 여름 없이 꽃이 피네.

② 산에 산에 피는 꽃은 저만치 혼자서 피어 있네.

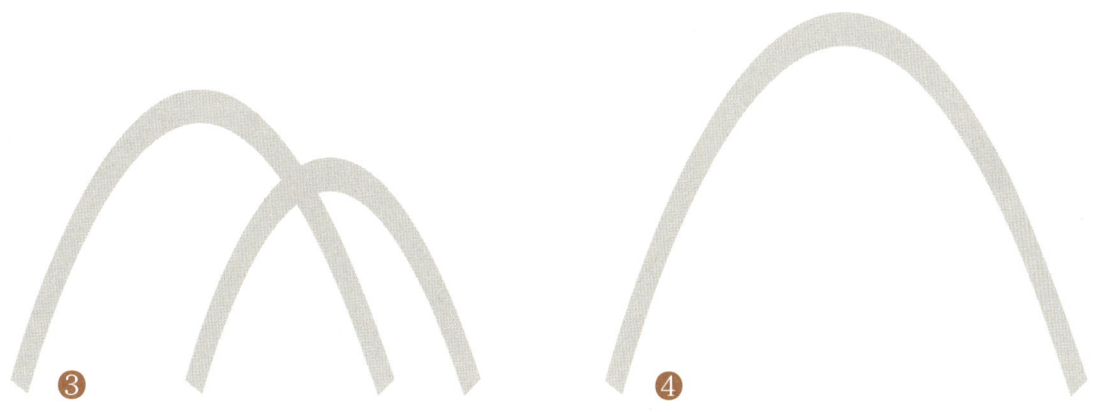

③ 산에서 우는 작은 새여. 꽃이 좋아 산에서 사노라네.

④ 산에는 꽃 지네. 꽃이 지네. 갈 봄 여름 없이 꽃이 지네.

봉선화

다음 그림을 보고 각 연의 내용을 연상기억하여 회생해 보자.

봉 선 화

김 상 욱

■ 국어 교과서의 시 「봉선화」의 내용을 직접 적어서 연상 기억해 보자.

1. 비오자   벌어[피어] _____

2. 해마다 _____

3. 세세한[자세한] _____

4. 누님이   하마[이미, 벌써] _____

5. 눈앞에   삼삼이는[또렷하게 떠오르는] _____

6. 손톱에 _____

7. 양지에[햇볕이 드는 곳]   찬찬[꼭꼭 감거나 동여매는 모양] ____

8. 그 하얀 손 _____

9. 지금은 _____

[1연] 장독간에 핀 봉선화를 보고 누님을 생각하고
[2연] 누님이 편지 읽는 모습을 상상함.
[3연] 누님과 함께 봉선화꽃 물을 들이던 어린 시절을 떠올리게 됨.

- 갈래 : 형식상 - 정형시(현대, 시조), 내용상 - 서정시
- 제재 : 봉선화
- 주제 : 누님과 어린 시절에 대한 그리움
- 구성 : 평시조 3수로 이루어진 연시조
- 운율 : 4음보의 율격(평시조는 한 행이 4음보로 되어 있음)
- 성격 : 회상적, 서정적
- 참고 : 봉선화(鳳仙花)와 봉숭아는 둘 다 표준어이므로 「봉숭화」라고 하면 안 됩니다.

위의 시를 생각해보기

우리가 눈발이라면

다음 그림을 보고 각 연의 내용을 연상기억하여 회생 해보자.

우리가 눈발이라면

안 도 현

■국어 교과서의 시 「우리가 눈발이라면」의 내용을 직접 적어서 연상 기억해 보자.

1. 우리가
   허공
   진눈깨비
2. 세상이
   사람이
   가장
   따뜻한
3. 우리가
   잠
   편지
4. 그이
   새살

> 위의 시를 생각해보기

1. 진눈깨비 – 타인에게 어려움을 줌. (부정적 존재)
2. 함박눈 – 따뜻한 도움을 줌.
3. 편지 – 괴로움과 외로움. 그리움을 달래줌.
4. 새살 – 아픔을 위로하고 희망을 줌.

- 갈래 : 형식상 – 자유시, 내용상 – 서정시
- 제재 : 눈발
- 주제 : 어렵고 소외된 사람들과 사랑을 나누는 삶의 자세
- 구성 : 1연 12행으로 되어 있는데 전체를 세 부분으로 나눌 수 있음.
- 특징 : 1. 상처 받은 사람들, 소외된 사람들을 따뜻하게 감싸 안으며 살고 싶다는 소망을 표현함.
  2. 진눈깨비와 함박눈의 속성을 대조적으로 표현함.
  3. '~자' 의 청유형으로 문장을 끝맺음.

어떤 마을

다음 그림을 보고 각 연의 내용을 연상기억하여 회생해 보자.

어떤 마을

도 종 환

■ 국어 교과서의 시 「어떤 마을」의 내용을 직접 적어서 연상 기억해 보자.

1. 사람들이 _____

2. 개울물 _____

3. 물바가지에 _____ 접동새[소쩍새] _____

4. 그 물로 _____

　　굴뚝 _____

5. 밥티[조그마한 밥알]처럼 _____

6. 사람들이 _____

평화로운 시골 마을의 모습이 느껴지는 시입니다.

- 갈래 : 형식상-자유시, 내용상-서정시
- 제재 : 평화로운 어떤 마을
- 주제 : 순박한 사람들이 사는 마을의 모습
- 특징 : 1. 시각적, 청각적, 후각적, 촉각적 심상을 통해 마을의 정겨운 모습을 표현함.
　　　　2. 1행이 마지막에 반복되어 마을 사람들의 순박함을 강조함.

위의 시를 생각해보기

돌담에 속삭이는 햇발

다음 그림을 보고 각 연의 내용을 연상기억하여 회생해보자.

돌담에 속삭이는 햇발

김 영 랑

■ 국어 교과서의 시 「돌담에 속삭이는 햇발」의 내용을 직접 적어서 연상 기억해 보자.

1. 돌담에   햇발[햇살]

2. 풀 아래

3. 내 마음

4. 오늘 하루

5. 새악시[새색시]

6. 시의 가슴[순수하고 아름다운 마음]에 살포시[살며시]

7. 보드레한[부드러운] 에메랄드[보석 이름 : 하늘색]

8. 실비단[가는 실로 짠]

위의 시를 생각해보기

[1연] 봄 하늘을 우러르고 싶은 소망
[2연] 봄 하늘을 바라보고 싶은 소망

- 갈래 : 형식상-자유시, 내용상-서정시〈도움말〉
- 제재 : 봄 하늘
- 주제 : 봄 하늘에 대한 동경과 예찬
- 구성 : 각각 4행으로 된 두 개의 연으로 이루어짐.
- 운율 : 3음보의 율격(한 행을 대체로 3음보로 읽을 수 있음).
- 특징 : 자음 중에서 울림소리를 많이 써서 밝고 부드러운 느낌을 줌.

청포도

이 육 사

■ 국어 교과서의 시 「청포도」의 내용을 직접 적어서 연상 기억해 보자.

주제 : 풍요하고 평화로운 삶에의 소망

1. 내 고장
   청포도
2. 이 마을
3. 먼 데
4. 하늘
5. 흰 돛단
6. 내가
7. 청포
8. 내 그를
9. 두 손은
10. 아이야
11. 하이얀

- 감상 : 풍요하고 평화로운 삶에의 소망을 노래. 청포도라는 소재의 신선한 감각과 선명한 색채 영상들이 잘 어울려서 작품 전체에 아름다움과 넉넉함을 준다. 식민지하의 억압된 현실은 시인이 꿈꾸는 현실은 대립되고 있어 이를 이기고자 하는 어조가 담겨 있음.
- 표현상의 특징
  - 시각적 이미지(이상적 세계를 구현하는 소재)
  - 청색 : 청포도, 하늘, 푸른 바다, 청포 – 흰색 : 흰 돛단 배, 은쟁반, 하이얀 모시 수건
- 구성 : 6연 각 2행(내용상 3단락)
  제1~2연 : 풍요로운 고향에 대한 정겨운 정서 – 청포도 : 전설이 풍성하게 연결되어 나오는 매체
  제3~5연 : 지금은 없지만 언젠가 고달픈 몸으로 돌아올 손님에 대한 기다림의 정서
   -그가 찾아올 그 날 : 억눌린 소망이 밝은 빛 아래 펼쳐지는 때
   -청포 입은 손님 : 어두운 역사 가운데 괴로움을 겪고 있는 이를 암시
  제6연 : 손님을 맞을 마음가짐과 준비 자세
   -은쟁반, 모시 수건 : 화해로운 미래의 삶을 향한 '순결'한 소망

위의 시를 생각해보기

「청포도」 시 기억 그림 구조화 만들기 장(場)

승 무

조 지 훈

■ 국어 교과서의 시 「승무」의 내용을 직접 적어서 연상 기억해 보자.

주제 : 인간 고뇌(苦惱)의 종교적 승화(昇華)

1. 얇은 사(紗)[얇고 발이 성긴 비단]
   고이 접어서   [벌레→나비(종교적 해탈) 은유법]
2. 파르라니
   박사(薄紗) 고깔에[얇은 사]
3. 두 볼에
   정작으로
4. 빈 대(臺)에
   오동(梧桐)잎
5. 소매는
   돌아설 듯
6. 까만 눈동자
   먼 하늘
7. 복사꽃
   세사(世事)에[세상의 일]
8. 휘어져
   깊은 마음 속
9. 이 밤사
   얇은 사(紗)

> 위의 시를 생각해보기

- 번뇌=별빛(은유) : 번뇌의 승화
- 성격 : 불교적, 고전적, 선(禪)적
- 어조 : 대상에 대한 예찬적 어조, 고전적인 우아한 어조
- 구성 : 수미쌍관(首尾雙關) : 시가(詩歌)를 지을 때 첫연을 그대로 마지막에 반복하는 구성법
  - 제1~4연 : 정적분위기(무대 묘사)
    - 제1연 : 춤추려는 찰나의 여승 모습   - 제4연 : 시간적, 공간적 배경
    - 제5연 : 동적 분위기(춤의 빠른 가락)   - 제5연 : 휘도는 춤
    - 제6~7연 : 동적 순간의 정적 분위기(승무의 승화된 경지) → 〈동중정(動中靜)〉
      - 제6연 : 명상의 정서   - 제7연 : 번뇌의 해탈
    - 8연 : 동적 분위기 : 춤의 느린 가락   - 제8연 : 유장한 춤
    - 9연 : 정적 분위기(결말)   - 제9연 : 밤의 정적(배경)
- 율격 : 대체로 4음보
- 표현상의 특징 : - 유음 'ㄹ' 사용 : 부드러운 느낌   - 언어의 조탁 : '하이얀, 감추오고, 살포시'
  - 시간의 흐름에 따른 서술, 묘사 중심의 서술, 유장한 가락

「승무」 시 기억 그림 구조화 만들기 장(場)

실체적 진실주의 구조화 연상법

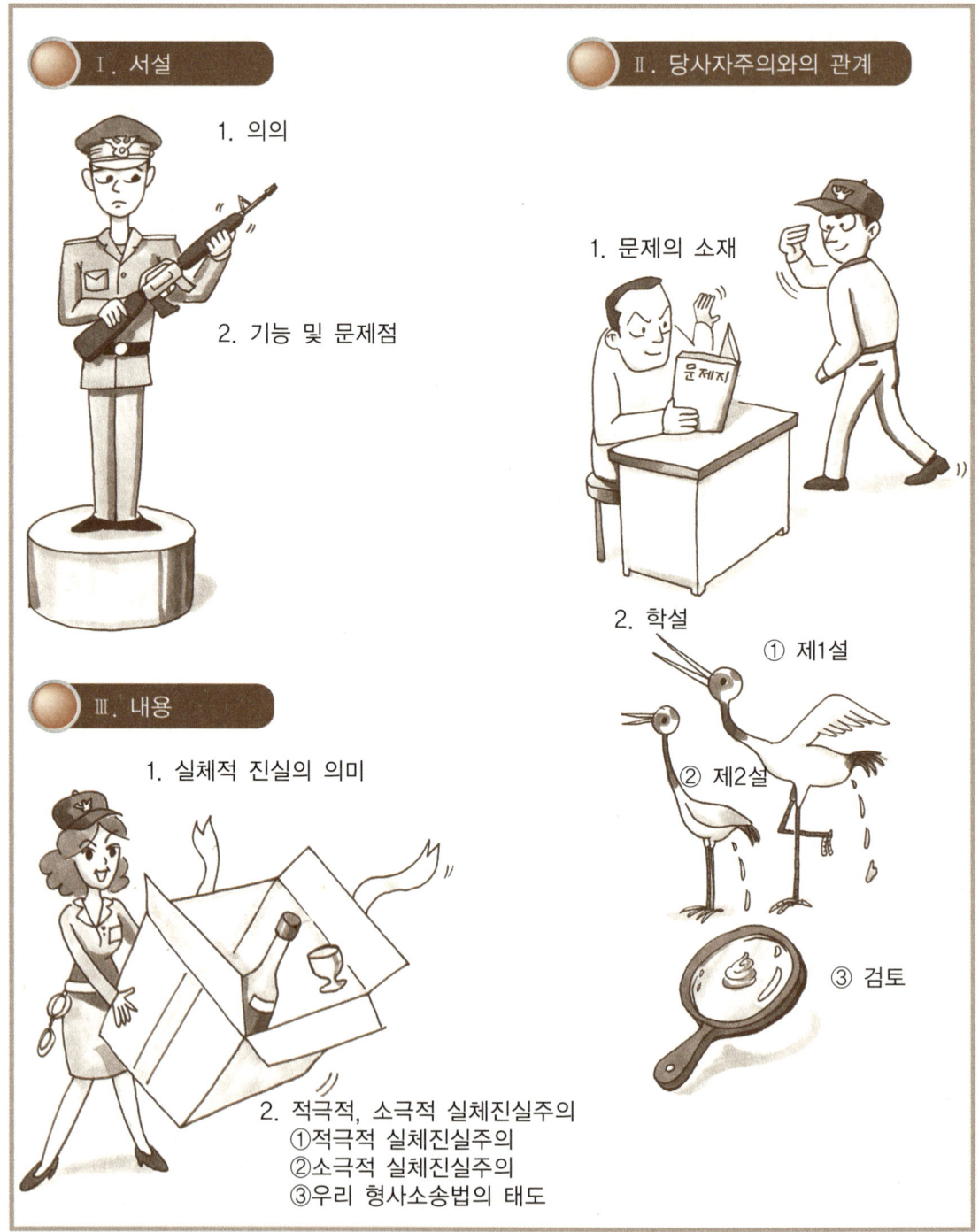

Ⅳ. 실체적 진실주의를 구현하기 위한 제도

1. 증거의 수집, 보전

2. 사실인정의 합리성

3. 오판의 시정

4. 기타 제도

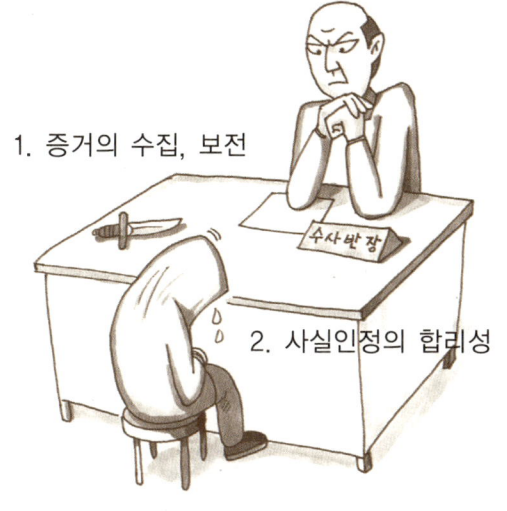

Ⅴ. 한계

1. 사실상의 제약

2. 초소송법적 이익에 의한 제약
  ① 압수수색의 제한
  ② 증언거부

3. 적정 원리 절차에 의한 제약

4. 신속한 재판의 원리에 의한 제약

Ⅵ. 결어

수사절차 공판절차, 모든 형사절차에서 소홀히 해서는 아니 되는 형사 소송법의 지도원리이다.

줄자처럼 한치의 오차 없이

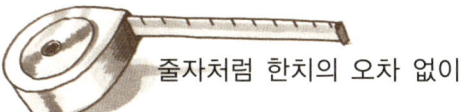

실체적 진실주의

범죄행위에 관한 실체적 진실을 파악하는 과정을 경찰서의 장(場)으로 한다.

I. 서설   서서 근무함.

1. 의의 의경의 의의
2. 기능 및 문제점 총이 기능상에 문제점 발생

II. 당사자주의와 관계   당직 근무하는 당사자와 주위 사람과의 관계

1. 문제의 소재 문제지를 보고 소재를 찾는다.
2. 학설 학 두 마리가 설사한다.
   ① 제1설
   ② 제2설
3. 검토 변을 검토한다.

III. 내용   내용이 충실한 선물

1. 실체적 진실의 의미 여자의 마음은 실체적 진실의 의미로 선물
2. 적극적, 소극적 실체진실주의 여자애인은 적극적이면서 소극적인 실체진실주의이다.
   우리 형사가 이 선물을 받으면 태도가 어떨까?
   ① 적극적 실체진실주의
   ② 소극적 실체진실주의
   ③ 우리 형사소송법의 태도

Ⅳ. 실체적 진실주의를 구현하기 위한 제도

수사반장이 실체적 진실의 구현하기 위해 내용을 모두 사실대로 드러내고 있다.

1. 증거의 수집·보전 책상 위에 증거수집 보전
2. 사실인정의 합리성 범인이 사실 인정의 합리성
3. 오판의 시정 판사가 오판을 시정하고 나서
4. 기타 제도 기타 치며 즐거워한다.

Ⅴ. 한계
범인이 유치장 안에서 한계를 느낀다.

1. 사실상의 제약 철창으로 막은 것은 사실상 제약이다.
2. 초소송법적 이익에 의한 제약 압수 수색한 물건에 대한 총은 초소송법적 이익을 제한한다.(군사상, 공무상, 업무상, 비밀장소의 물건이다.)
    ① 압수·수색의 제한 압수 수색한 총
    ② 증언거부 수첩에 증거물
3. 적정절차원리에 의한 제약 소총은 위법한 절차에 의한 것이니 실체적 진실의 발견은 허용되지 아니한다.
4. 신속한 재판의 원리에 의한 제약 시계를 보고 신속한 재판원리에 의한 제약

Ⅵ. 결어
수사절차나 공판절차 등 모든 형사절차에서 소홀히 해서는 아니 되는 형사소송법의 지도원리이다.

줄자의 치수는 한치의 오차 없는 것과 같이 수사절차나 공판절차 등 모든 형사 절차에서 한치도 소홀히 해서는 안 되는 형사 소송법의 지도 원리와 같다.

목차 기억의 시각화(視覺化) 방법의 [예]

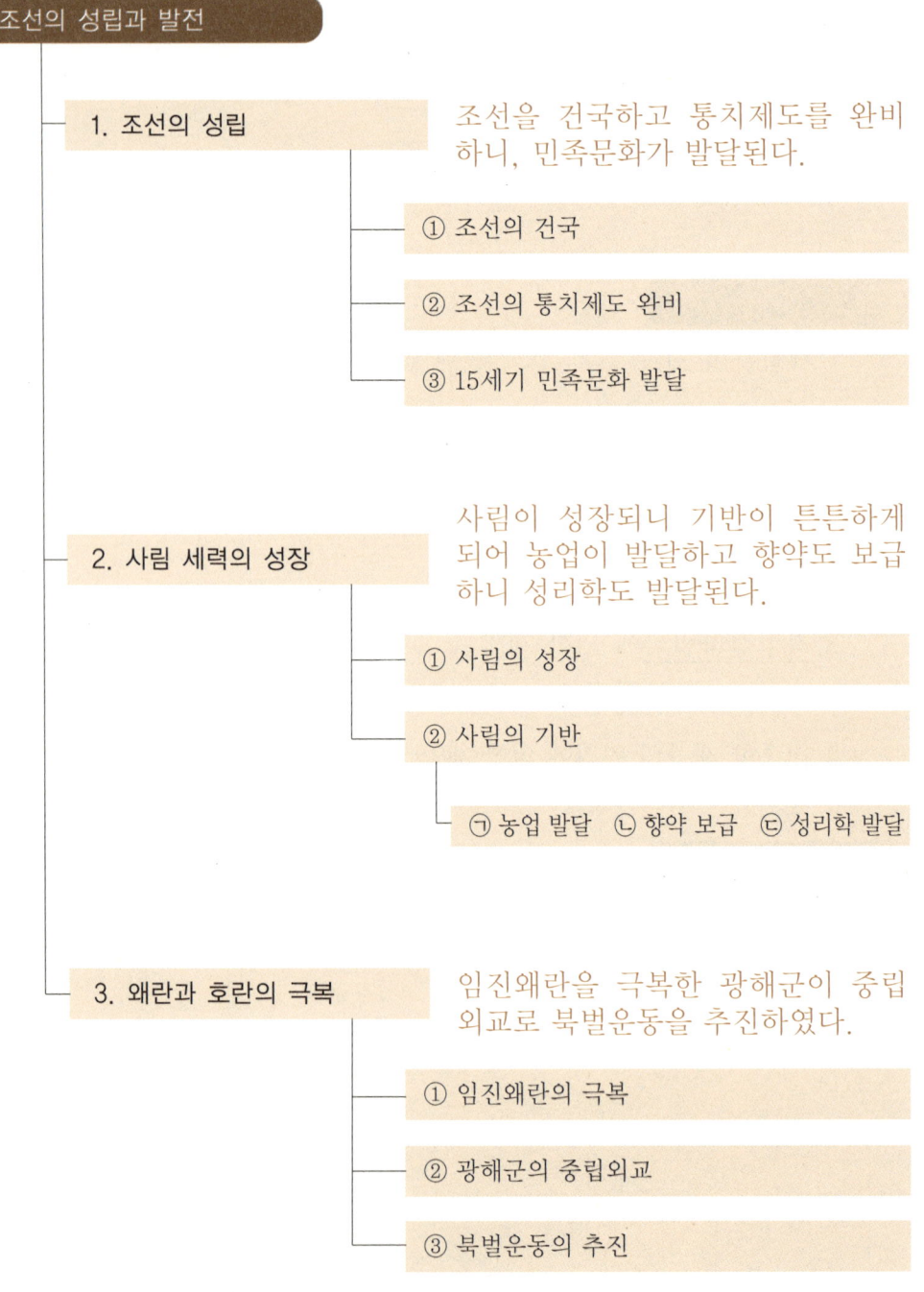

범칙행위 및 범칙금액(운전자) - 도로교통법 제93조 제1항 관련

범칙행위	근거 법조문(도로교통법)	차량 종류별 범칙금액
1. 속도위반(60km/h 초과) 1의2. 어린이통학버스 운전자의 의무 위반(좌석안전띠를 매도록 하지 않은 경우는 제외한다) 1의3. 어린이통학버스 운영자의 의무 위반	제17조제3항 제53조제1항·제2항, 제53조의2 제53조제3항	· 승합자동차등 : 13만원 · 승용자동차등 : 12만원 · 이륜자동차등 : 8만원
2. 속도위반(40km/h 초과 60km/h 이하) 3. 승객의 차 안 소란행위 방치 운전 3의2. 어린이통학버스 특별보호 위반	제17조제3항 제49조제1항제9호 제51조	· 승합자동차등 : 10만원 · 승용자동차등 : 9만원 · 이륜자동차등 : 6만원
4. 신호·지시 위반 5. 중앙선 침범, 통행구분 위반 6. 속도위반(20km/h 초과 40km/h 이하) 7. 횡단·유턴·후진 위반 8. 앞지르기 방법 위반 9. 앞지르기 금지 시기·장소 위반 10. 철길건널목 통과방법 위반 11. 횡단보도 보행자 횡단 방해(신호 또는 지시에 따라 도로를 횡단하는 보행자의 통행 방해를 포함한다) 12. 보행자전용도로 통행 위반(보행자전용도로 통행방법 위반을 포함한다) 13. 승차 인원 초과, 승객 또는 승하차자 추락 방지조치 위반 14. 어린이·앞을 보지 못하는 사람 등의 보호 위반 15. 운전 중 휴대용 전화 사용 15의2. 운전 중 운전자가 볼 수 있는 위치에 영상 표시 15의3. 운전 중 영상표시장치 조작 16. 운행기록계 미설치 자동차 운전 금지 등의 위반 17, 18. 〈삭제〉 19. 고속도로·자동차전용도로 갓길 통행 20. 고속도로버스전용차로·다인승전용차로 통행 위반	제5조 제13조제1항부터 제3항까지 및 제5항 제17조제3항 제18조 제21조제1항·제3항, 제60조제2항 제22조 제24조 제27조제1항·제2항 제28조제2항·제3항 제39조제1항·제2항·제5항 제49조제1항제2호 제49조제1항제10호 제49조제1항제11호 제49조제1항제11호의2 제50조제5항 제60조제1항 제61조제2항	· 승합자동차등 : 7만원 · 승용자동차등 : 6만원 · 이륜자동차등 : 4만원 · 자전거등 : 3만원
21. 통행 금지·제한 위반 22. 일반도로 전용차로 통행 위반	제6조제1항·제2항·제4항 제15조제3항	

23. 고속도로·자동차전용도로 안전거리 미확보	제19조제1항	· 승합자동차등 : 5만원 · 승용자동차등 : 4만원 · 이륜자동차등 : 3만원 · 자전거등 : 2만원
24. 앞지르기의 방해 금지 위반	제21조제4항	
25. 교차로 통행방법 위반	제25조	
26. 교차로에서의 양보운전 위반	제26조	
27. 보행자의 통행 방해 또는 보호 불이행	제27조제3항부터 제5항까지	
28. 긴급자동차에 대한 양보·일시정지 위반	제29조제4항·제5항	
29. 정차·주차 금지 위반	제32조	
30. 주차금지 위반	제33조	
31. 정차·주차방법 위반	제34조	
32. 정차·주차 위반에 대한 조치 불응	제35조제1항	
33. 적재 제한 위반, 적재물 추락 방지 위반 또는 유아나 동물을 안고 운전하는 행위	제39조제1항 및 제3항부터 제5항까지	
34. 안전운전의무 위반(난폭운전을 포함한다)	제48조제1항	
35. 도로에서의 시비·다툼 등으로 인한 차마의 통행 방해 행위	제49조제1항제5호	
36. 급발진, 급가속, 엔진 공회전 또는 반복적·연속적인 경음기 울림으로 인한 소음 발생 행위	제49조제1항제8호	
37. 화물 적재함에의 승객 탑승 운행 행위	제49조제1항제12호	
38. 〈삭제〉		
39. 고속도로 지정차로 통행 위반	제60조제1항	
40. 고속도로·자동차전용도로 횡단·유턴·후진 위반	제62조	
41. 고속도로·자동차전용도로 정차·주차 금지 위반	제64조	
42. 고속도로 진입 위반	제65조	
43. 고속도로·자동차전용도로에서의 고장 등의 경우 조치 불이행	제66조	
44. 혼잡 완화조치 위반	제7조	· 승합자동차등 : 3만원 · 승용자동차등 : 3만원 · 이륜자동차등 : 2만원 · 자전거등 : 1만원
45. 지정차로 통행 위반, 차로 너비보다 넓은 차 통행 금지 위반(진로 변경 금지 장소에서의 진로 변경을 포함한다)	제14조제2항부터 제4항까지	
46. 속도위반(20km/h 이하)	제17조제3항	
47. 진로 변경방법 위반	제19조제3항	
48. 급제동 금지 위반	제19조제4항	
49. 끼어들기 금지 위반	제23조	
50. 서행의무 위반	제31조제1항	
51. 일시정지 위반	제31조제2항	

52. 방향전환·진로변경 시 신호 불이행	제38조제1항	
53. 운전석 이탈 시 안전 확보 불이행	제49조제1항제6호	
54. 동승자 등의 안전을 위한 조치 위반	제49조제1항제7호	
55. 지방경찰청 지정·공고 사항 위반	제49조제1항제13호	
56. 좌석안전띠 미착용	제50조제1항	
57. 이륜자동차·원동기장치자전거 인명보호 장구 미착용	제50조제3항	
58. 어린이통학버스와 비슷한 도색·표지 금지 위반	제52조제4항	
59. 최저속도 위반	제17조제3항	·승합자동차등 : 2만원
60. 일반도로 안전거리 미확보	제19조제1항	·승용자동차등 : 2만원
61. 등화 점등·조작 불이행(안개가 끼거나 비 또는 눈이 올 때는 제외한다)	제37조제1항제1호·제3호	·이륜자동차등 : 1만원 ·자전거등 : 1만원
62. 불법부착장치 차 운전(교통단속용 장비의 기능을 방해하는 장치를 한 차의 운전은 제외한다)	제49조제1항제4호	
63. 택시의 합승(장기 주차·정차하여 승객을 유치하는 경우로 한정한다)·승차거부·부당요금징수행위	제50조제6항	
64. 운전이 금지된 위험한 자전거의 운전	제50조제7항	
65. 돌, 유리병, 쇳조각, 그 밖에 도로에 있는 사람이나 차마를 손상시킬 우려가 있는 물건을 던지거나 발사하는 행위	제68조제3항제4호	·모든 차마 : 5만원
66. 도로를 통행하고 있는 차마에서 밖으로 물건을 던지는 행위	제68조제3항제5호	
67. 특별교통안전교육의 미이수 가. 과거 5년 이내에 법 제44조를 1회 이상 위반하였던 사람으로서 다시 같은 조를 위반하여 운전면허효력 정지처분을 받게 되거나 받은 사람이 그 처분기간이 끝나기 전에 특별교통안전교육을 받지 않은 경우 나. 가목 외의 경우	제73조제2항	·차종 구분 없음 : 6만원 ·차종 구분 없음 : 4만원
68. 경찰관의 실효된 면허증 회수에 대한 거부 또는 방해	제95조제2항	·차종 구분 없음 : 3만원

비고

1. 위 표에서 "승합자동차등"이란 승합자동차, 4톤 초과 화물자동차, 특수자동차 및 건설기계를 말한다.
2. 위 표에서 "승용자동차등"이란 승용자동차 및 4톤 이하 화물자동차를 말한다.
3. 위 표에서 "이륜자동차등"이란 이륜자동차 및 원동기장치자전거를 말한다.
4. 위 표에서 "자전거등"이란 자전거, 손수레, 경운기 및 우마차를 말한다.
5. 위 표 제65호 및 제66호의 경우 동승자를 포함한다.

범칙행위 및 범칙금액 글자공식에 의한 연상기억

1. 일하다가 속도위반(60km/h 초과)
1의2. 어린이통학버스 운전자의 의무 위반
    (좌석안전띠를 매도록 하지 않은 경우는 제외한다)
1의3. 어린이통학버스 운영자의 의무 위반

- 승합자동차등: 13만원 (일생)
- 승용자동차등: 12만원 (시비)
- 이륜자동차등: 8만원 (팔)

속도위반(60km/h 초과)하는 어린이통학버스 운전자, 운용자가
연상 – 일하다 범칙금, 팔 걷고, 시비 걸면, 일생 망친다.

2. 이 차선에서 속도위반한 사공이 유공자라도
   속도위반(40km/h 초과 60km/h 이하)이다.
3. 삼복더위에 승객의 차 안 소란행위 방치 운전
3의2.   어린이통학버스 특별보호 위반도 위반이다.

- 승합자동차등: 10만원
- 승용자동차등: 9만원
- 이륜자동차등: 6만원

연상 – 이 삼복더위에 범칙금 6자를 9자로 뒤집고 나서 10만원을 내다.

4. 사고 나면 신호·지시 위반이다.
5. 오줌 마린다고 중앙선 침범, 통행구분 위반이다
6. 육중한 몸으로 이사 시 속도위반(20km/h 초과 40km/h 이하)면 위반이다.
7. 칠하고 있는 곳에서 횡단·유턴·후진 위반이다.
8. 팔 들었다고 앞지르기하면 앞지르기 방법 위반이다.

9. 구경하다 앞지르기 금지 시기·장소 위반이다.
10. 가축이 철길건널목 통과방법 위반하다.
11. 각도기로 횡단보도 보행자 횡단 방해하면 위반이다.
    (신호 또는 지시에 따라 도로를 횡단하는 보행자의 통행 방해를 포함한다)
12. 간장병을 쌓아 놓은데 통행하면, 보행자전용도로 통행 위반이다.
    (보행자전용도로 통행방법 위반을 포함한다)
13. 가두에서 승차 인원 초과, 승객 또는 승하차자 추락 방지조치 위반
14. 갈매기가 부리로 쪼면 어린이·앞을 보지 못하는 사람 등의 보호 위반
15. 감 먹으면서 운전 중 휴대용 전화 사용하면 위반이다.
15의2. 감이 운전 중 운전자가 볼 수 있는 위치에 영상 표시
15의3. 감상하며 운전 중 영상표시장치 조작

〈11 각도기의 구조화 연상〉

16. 갑옷으로 가린 운행기록계 미설치는 자동차 운전 금지 등의 위반이다.
17. 갓이 없음. 삭제 〈2014.12.31.〉
18. 강물 없음. 삭제 〈2014.12.31.〉
19. 갑옷으로 막은 갓길 고속도로·자동차전용도로 갓길 통행
20. 낯 두꺼운 사람 고속도로버스전용차로·다인승전용차로 통행 위반

- 승합자동차등: 7만원
- 승용자동차등: 6만원
- 이륜자동차등: 4만원
- 자전거등　　: 3만원

연상 – 사고 나도 낯 두꺼운 사람 [범칙금 5를 중심으로 상6 7·하4 3]으로 기억하다.
21. 낚시터에 빨리 가려고하면 통행 금지·제한 위반이다.
22. 난초 심은 전용차로에서는 일반도로 전용차로 통행 위반이다.
23. 낟가리를 과속으로 받으면 고속도로·자동차전용도로 안전거리 미확보이다.
24. 날개로 앞을 가리면 앞지르기의 방해 금지 위반이다.
25. 냄비를 교차로에 떨어트리면, 교차로 통행방법 위반이다.
26. 납덩이를 교차로에 던지고 달리면, 교차로에서의 양보운전 위반이다.
27. 낫으로 보행자를 방해하면, 보행자의 통행 방해 또는 보호 불이행이다.
28. 낭군이 긴급자동차에 양보 없이 달리면, 긴급자동차에 대한 양보·일시정지 위반이다.
29. 낮에 아무데나 주정차 하면, 정차·주차 금지 위반이다.
30. 닻에 주차금지 표지판이 붙어 있으면, 주차금지 위반이다.
31. 닭이 있는 곳에서 정차·주차 하면, 정차·주차방법 위반이다.
32. 단추가 떨어져 주우려고 무시하고 가면, 정차·주차 위반에 대한 조치 불응이다.
33. 도둑놈이 적재 많이 하고, 유아나 동물안고 운전하면, 적재 제한 위반, 적재물 추락 방지 위반 또는 유아나 동물을 안고 운전하는 행위 모두 위반이다.
34. 달밤에 난폭운전하면, 안전운전의무 위반(난폭운전을 포함한다)

35. 담장 밑 도로에서의 시비·다툼 등으로 인한 차마의 통행 방해 행위 모두 위반이다.
36. 답안지로 얼굴 가리고, 급발진, 급가속, 엔진 공회전 또는 반복적·연속적인 경음기 울림으로 인한 소음 발생 행위
37. 다시마 싣는 화물에 승객은, 화물 적재함에의 승객 탑승 운행 행위 위반이다.
38. 당구장이 없음. 삭제〈2014.12.31.〉
39. 도장 없이 고속도로 통행하면, 고속도로 지정차로 통행 위반이다.
40. 화초로 막은 고속도로에서 횡단·유턴·후진은, 고속도로·자동차전용도로 횡단·유턴·후진 위반이다.
41. 학교가 있는, 고속도로·자동차전용도로 정차·주차 금지 위반이다.
42. 한복입고 고속도로 진입하면, 고속도로 진입 위반이다.
43. 호두가 깔려 있는 고속도로에서 고장 나면, 고속도로·자동차전용도로에서의 고장 등의 경우 조치 불이행이다.

- ●승합자동차등: 5만원
- ●승용자동차등: 4만원
- ●이륜자동차등: 3만원
- ●자전거등　　: 2만원

연상 – 낚시터에서 호두 1개를 까먹고 없으니, 2부터 5까지만 기억한다.
44. 활을 쏘니 혼잡하다. 혼잡 완화조치 위반이다.
45. 함장이라고 넓은 차 몰고 가니, 지정차로 통행 위반, 차로 너비보다 넓은 차 통행금지 위반 (진로 변경 금지 장소에서의 진로 변경을 포함한다)
46. 합장대가 겁이 많아, 속도위반(20km/h 이하)로 운행하다.
47. 호주가 있는 곳에서는 변경은, 진로 변경방법 위반이다.
48. 항아리가 놓인 곳에서 급제동 하면, 급제동 금지 위반이다.
49. 호주 사람이 모르고 끼어들어도, 끼어들기 금지 위반이다.
50. 마차가 서행 하여도 서행의무 위반이다.

51. 막걸리 마셨다고 일시정지하면, 일시정지 위반이다.
52. 만두를 차에서 먹다가 시 신호 불이행은, 방향전환·진로변경 시 신호 불이행이다.
53. 맏아들이 운전하다가, 운전석 이탈 시 안전 확보 불이행이다.
54. 말과 함께 동승은, 동승자 등의 안전을 위한 조치 위반이다.
55. 맘모스를 도로에 방치하면, 지방경찰청 지정·공고 사항 위반이다.
56. 마부가 좌석안전띠 안하면, 좌석안전띠 미착용이다.
57. 마사지한 얼굴이라고 이륜자동차 보호 장구 안하면, 이륜자동차·원동기장치자전거 인명보호 장구 미착용이다.
58. 망치로 어린이통학버스 도색을 벗기니, 어린이통학버스와 비슷한 도색·표지 금지 위반이다.

- 승합자동차등: 3만원
- 승용자동차등: 3만원
- 이륜자동차등: 2만원
- 자전거등　　: 1만원

연상 – 활을 망치로 두들이니 하나, 둘씩, 삼삼해지다.

59. 모자 쓰고 천천히 가면, 최저속도 위반이다.
60. 보초가 안전거리 무시하고 달리다 사고 나면, 일반도로 안전거리 미확보이다.
61. 바가지로 가리고 등불조작하면, 등화 점등·조작 불이행이다.(안개가 끼거나 비 또는 눈이 올 때는 제외한다)
62. 반지를 차에 많이 부착하여도, 불법부착장치 차 운전이다.(교통단속용 장비의 기능을 방해하는 장치를 한 차의 운전은 제외한다)
63. 받침대 위에 올라 선 는데 승차거부·부당요금징수는, 택시의 합승(장기 주차·정차하여 승객을 유치하는 경우로 한정한다)·승차거부·부당요금징수행위
64. 발로 자전거 운전은, 운전이 금지된 위험한 자전거의 운전이다.

- 승합자동차등: 2만원
- 승용자동차등: 2만원
- 이륜자동차등: 1만원
- 자전거등   : 1만원

연상 – 모자 쓰고 발로 자전거 타면 1 1 2 2에 신고한다.

65. 밤알 등 도로에 던지는 행위, 돌, 유리병, 쇳조각, 그 밖에 도로에 있는 사람이나 차마를 손상시킬 우려가 있는 물건을 던지거나 발사하는 행위

66. 밥을 통행하고 있는 차마에 던지는 행위, 도로를 통행하고 있는 차마에서 밖으로 물건을 던지는 행위

- 모든 차마: 5만원

연상 – 밤과 밥을 도로에 던지면 모든 차마가 오해 한다.

67. 밧줄에 묶여서, 특별교통안전교육의 미이수

 가. 과거 5년 이내에 법 제44조를 1회 이상 위반하였던 사람으로서 다시 같은 조를 위반하여 운전면허효력 정지처분을 받게 되거나 받은 사람이 그 처분기간이 끝나기 전에 특별교통안전교육을 받지 않은 경우

- 차종 구분 없음: 6만원

나. 가목 외의 경우 : 4만원

연상 – 밧줄에 묶여서 특별교통안전교육의 미이수 시, 육사교육을 받는다.

68. 방앗간 까지 가서 실효된 면허증을 회수하려는데 거부하면, 경찰관의 실효된 면허증 회수에 대한 거부 또는 방해이다.

- 차종 구분 없음: 3만원

연상 – 방앗간을 3일 동안 쫓아가 실효된 면허증을 회수하려는데 거부하다.

육십갑자 기억술

기초공식 공간력 위치에 결합

1. 계해: 개가 버스 거울에 비친 해를 쳐다보고 있다.
2. 임술: 사랑하는 임이 술에 취해서 버스 라이트에 부딪혔다.
3. 신유: 바퀴 밑에 신 한 짝이 유일하게 깔려 있다.
4. 경신: 예비군이 모자를 잃어버려 경찰에 신고했다.
5. 기미: 예비군복이 얼룩얼룩 기미가 낀 것처럼 보인다.
6. 무오: 군홧발로 무와 오이를 마구 밟았다.
7. 정사: 매표소 표시판은 정사각형이 아니다.
8. 병진: 판매원이 병원에서 진찰받고 왔다.
9. 을묘: 매표구에서 울며불며 표를 샀다.

10. 갑인: 가지 밭이 있는 곳은 값있는 곳이다.
11. 계축: 개가 축 처진 가지의 잎을 입으로 뜯어먹었다.
12. 임자: 가지는 심은 사람이 임자이다.
13. 신해: 가지나무 줄기를 잡고 신하들이 뽐낸다.
14. 경술: 뱀의 머리를 경솔하게 잡다가 물렸다.
15. 기유: 뱀의 몸통이 둥글게 기울어져 있다.
16. 무신: 뱀의 꼬리를 무시무시한 무신이 잡고 있다.
17. 정미: 비닐하우스에서 잠시 정미소로 사용했다.
18. 병오: 바구니 손잡이 위에 병어생선을 올려놓았다.
19. 을사: 바구니에 가지를 많이 따니 기뻐서 얼싸안았다.

20. 갑진: 이 나팔은 매우 값진 것이다.
21. 계묘: 병사의 모자를 계모가 훔쳐 갔다.
22. 임인: 단칼을 이민 갈 때 꼭 가지고 가라.
23. 신축: 병사의 신발은 신축성이 있다.
24. 경자: 포신 위 경사진 곳에 경자년이 올라가 놀고 있다.
25. 기해: 대포 바퀴를 기회만 생기면 열심히 돌린다.
26. 무술: 대포알을 가지고 무술인이 무술을 한다.
27. 정유: 창날을 정유소 기름으로 닦았다.
28. 병신: 창대를 병신이 들고 있다.
29. 을미: 방패를 울타리의 울 밑에 기대놓았다.

30. 갑오: 다리미로 갑옷을 다림질한다.
31. 계사: 다리미 손잡이에 개 사료가 묻어 있다.
32. 임진: 다리미는 임진왜란 때 사용한 것이다.
33. 신묘: 다림판 밑에 신발이 묘한 것이 있다.
34. 경인: 구두약 뚜껑은 경이롭게 생겼다.
35. 기축: 구두약으로 기차 바퀴 축을 까맣게 칠했다.
36. 무자: 구둣솔로 무자비하게 구두를 닦았다.
37. 정해: 견장 위치는 어깨 위로 정해져 있다.
38. 병술: 명찰에는 병에 든 술이 쏟아져 술 냄새가 난다.
39. 을유: 주머니는 의류에 꼭 있어야 한다.

40. 갑신: 하마가 사나워져서 갑자기 신발을 신었다.
41. 계미: 거북이의 머리에 개미가 우글거린다.
42. 임오: 거북이 등에 우리 이모가 타고 온다.
43. 신사: 거북의 꼬리를 잡고 신사가 밀고 간다.
44. 경진: 이 하마의 입이 경진대회에서 제일 큰 입이다.
45. 기묘: 하마의 귀가 기묘하게 생겼다.
46. 무인: 하마 등에 무인이 앉아서 도를 닦는다.
47. 정축: 파랑새는 부리로 정해진 축가만 부른다.
48. 병자: 파랑새의 날개를 병자들이 먹으면 병이 낫는다.
49. 을해: 파랑새 꼬리는 올해 봐도 으레 길고 예쁘다.

50. 갑술: 마술사가 갑자기 술을 만들었다.
51. 계유: 마술사 모자는 닭기름(계유)으로 발랐다.
52. 임신: 마술사 옷 속은 임신한 사람처럼 배가 불룩하다.
53. 신미: 마술사 신발은 신비스럽게 생겼다.
54. 경오: 보자기는 경우에 따라서 용도가 바뀐다.
55. 기사: 상자 속에는 운전기사가 들어가 있다.
56. 무진: 받침대는 무진장 많은 물건이 올라가도 문제가 없다.
57. 정묘: 사자 얼굴을 정면에서 보니 정말 묘하게 생겼다.
58. 병인: 사자 발을 병인들이 서로 잡아당기고 있다.
59. 을축: 사자 꼬리가 우측으로 돌아가 있다.

60. 갑자: 바둑 대회에서 내가 갑자기 강해졌다.

── 비밀의 숫자를 알자 ──

2018년도를 기준으로 하여 비밀의 숫자는 ⊕ · ⊖ 35가 된다.
일 년마다 비밀의 숫자는 1씩 올라가며, 2019년도에는 ⊕ · ⊖ 36이 된다.

■ 예: 1957년생의 나이는 62세로 정유(丁酉)생 닭띠이다.
   정유(丁酉)생을 알면 공간력에 비밀의 수를 ⊕하여 나이를 알 수 있다.
   나이만 알면 공간력에 비밀의 수를 ⊖하여 무슨 생, 몇 년도에 태어났는지 알 수 있게 된다.

제5장

The Superspeed Memory | 영어 단어 연상 기억법

공간지각 영어단어 연상 기억술 - 1

100 ambitious [æmbíʃəs] 대망[야심]을 품은, 패기 만만한, 야심적으로
가축을 방송국 엠비시에서 야망을 품고 촬영했다.

101 achievement [ətʃíːvmənt] 1. 업적, 공적, 공로, 위업 2. 달성, 성취, 성공
돼지머리를 어찌 보면 내가 이만큼 성공(업적)을 했구나!

102 hug [hʌg] 껴안다, 포옹하다
돼지 젖을 확 껴안고 새끼들이 먹고 있다.

103 spectacle [spektəkəl] 광경, 볼만한 것, 장관(壯觀)
돼지 새끼들 수백 마리가 다 클 것을 생각하니 그 모습이 장관을 이룬다.

104 derive [diráiv] (~을) 끌어내다, 얻다, 획득하다
사료 포대를 드라이버로 찔러서 끌어내다.

105 pursue [pərsúː / -sjúː] 뒤쫓다, 추적[추격]하다, 몰다
사료 속에 짐승이 숨어서 포수가 추적하다.

106 calamitous [kəlǽmitəs] 불행한, 비참한
사료통이 걸레 밑에서 깔려있는 모습이 너무 비참한 것 같다.

107 muggy [mʌ́gi] (날씨 등이) 무더운, 몹시 더운, 찌는 듯한
개의 머리가 햇볕에 찌는 듯이 달아오르니 목이 탈 정도로 무더운 날씨다.

108 angry [ǽŋgri] 성난, 노한, (사람에게) 화난
개 목줄에 모기떼가 앵~앵~거리니 개가 화가 나는 것이다.

109 adjourn [ədʒə́ːrn] (회의 등을) 연기하다, 휴회[산회, 폐회]하다
개발을 묶어서 오전에 데려가기로 했는데, 오후로 연기하여 미루다.

공간지각 영어단어 연상 기억술 - 2

110   fatigue [fətíːg] 피로, 피곤
각도기를 가지고 측량하는 일은 버티기 힘든 피곤한 일이다.

111   idle [áidl] (사람이) 나태한
렌즈를 닦으라고 아이들에게 시켰는데 닦지 않았다. 게으른 아이들이다.

112   injure [índʒər] 상처를 입히다, 다치게 하다, 부상시키다
측량판으로 사람이 인조인간을 다치게 하다.

113   abroad [əbrɔ́ːd] 널리 밖으로, 국외로
삼각대를 고기 잡는 어부로도 해외에 갈 수 있어서 사 온 것이다.

114   vocal [vóukəl] 【음악】 성악의, 노래의
크레인 위를 부엌칼로 장단을 맞추니 노래의 소리가 절로 났다.

115   scholar [skálər / skɔ́l-] (특히 인문 과학 분야의) 학자, 인문학자, 고전학자
크레인 줄로 쓱 콜라 한 병을 들어 올려 학자에게 주었다.

116   feudal [fjúːdl] 영지[봉토]의, 봉건(제도)의
크레인 고리가 바람에 후들후들 떨리는 것이 봉건제도와 비슷했다.

117   opinion [əpínjən] 의견, 견해
막대기를 보고 엄마 등에 업힌 년이 의견을 견해한다.

118   peculiar [pikjúːljər] 기묘한
안전모에 오이피클을 담아 먹으니 피클이여! 하고 묘한 맛이 떠오른다.

119   arbitrary [áːrbitrèri, -trəri] 임의의, 멋대로인, 변덕스러운, 독단적인, 전단적인
계산기를 아비들이 독단적으로 사용한다.

공간지각 영어단어 연상 기억술 - 3

120 zoo [zu:] 동물원
     간장을 동물들에게 주는 동물원은 없다.

121 unique [ju:ní:k] 특이한, 독특한, 비길 바 없는
     간장병에 반짝반짝 윤이 난 코를 대고 독특한 간장의 냄새를 느낀다.

122 huge [hju:dʒ, ju:dʒ] (모양, 크기 등이) 거대한, 막대한
     새우튀김을 휴지공장에 쌓아놓은 휴지처럼 거대한 모양으로 쌓았다.

123 according [əkɔ́:rdiŋ] ~에 따라서[준하여], ~나름으로
     접시에 땀방울이 이마에서 어! 콧등을 따라서 접시에 떨어진다.

124 architect [á:rkitèkt] 건축가, 건축 기사, 설계자, 기획자, 창조자
     튀김 채 손잡이를 주방에 걸 수 있게 시집온 새아씨 댁도, 아기 댁도 건축가처럼 똑같이 꾸며 놓았다.

125 tear [tɛər] 눈물, 물[이슬]방울, 찢다
     튀김 채에 물이 눈에 튀어 눈물이 난다. 튀김 채에 못쓰는 종이를 찢다.

126 pain [pein] 고통, 아픔, 고뇌, 비탄, 근심
     튀김 통으로 패서 페인이 되어, 때린 사람이나 맞은 사람 모두 고통스럽다.

127 dull [dʌl] 무딘, 우둔한
     찬장 문 위에 올려놓은 음식을 못 찾아먹으면 돌머리처럼 우둔한 사람이다.

128 convince [kənvíns] 확신시키다, 이해시키다, 수긍하게 하다
     그릇에 큰 빙수를 담아서 주면서 설득시키다.

129 moral [mɔ́(:)rəl, mɑ́r-] 도덕(상)의, 윤리의, 도의의
     밀가루 속에다 뭐를 넣지도 않았는데 나보고 도덕이 잘못되었다고 한다.

공간지각 영어단어 연상 기억술 - 4

130. **agreement** [əgríːmənt] 일치, 조화, 동의, 합의.
거리에서 손가락을 엄지와 검지로 오그리면 동의한다는 뜻이다.

131. **genuine** [dʒénjuin] 진짜의, 진품의
버스 간판을 바라보는 누이와 동생을 보고 쟤 누인 진짜로 성실한 사람이다.

132. **inquire** [inkwáiər] 묻다(ask), 질문[문의]하다
간판 기둥 붙잡고 옆 사람에게 여기가 어디~인가요? 하고 묻다, 조사하다.

133. **sculptor** [skʌ́lptər] 조각가, 조각사
긴 의자는 서울 파가 아닌 시골 파 조각가들이 만든 것이다.

134. **aquarium** [əkwɛ́əriəm] 수족관
버스 환기통 옆에 사람이 너무 많아 수족관에 갇힌 물고기처럼 어(魚) 괴로움을 느낀다.

135. **torment** [tɔ́ːrment] 고통, 격통, 괴롭힘, 고문, 귀찮은
버스 유리창을 열고 토하면 아주 고통스럽다.

136. **stock** [stik / stɔk] 주식, 공채증서
버스 바퀴 밑에다 수탉이 주식을 물어다 놓았다.

137. **voice** [vɔis] 목소리, 음성
신호등 쪽에서 누군가가 보이소 하고 부르는 목소리가 들렸다.

138. **hide** [haid] 감추다, 숨기다
아이의 풍선을 하의(下衣) 속에도 숨기다, 감추다.

139. **cook** [kuk] 요리사, 요리하다
어린아이는 국이나 요리에 대하여 요리사처럼 잘 알고 있다.

공간지각 영어단어 연상 기억술 - 5

140 sovereign [sávərin, sʌ́v-] 최상의, 원수(元首), 군주(君主)
     갈매기 날아가는 갈매기 새를 쏴버린 군주는 최고의 주권자이다.

141 breathe [bri:ð] 숨 쉬다, 호흡하다
     갈매기 날개 짓을 하면서 식물을 뽑아서 뿌리도 먹으면서 급히 호흡하다.

142 faculty [fǽkəlti] 능력, 재능
     갈매기 가슴에 해골이 그려진 해골 티를 입고 놀러온 교수단이 재능, 능력을 보여준다.

143 simulate [símjəlèit] 흉내내다, 분장(扮裝)하다, ~인 체하다
     갈매기 발은 힘도 없는데 발을 잡고 심(힘)을 내는 체하다.

144 monument [mánjəmənt / mɔ́n-] 기념비[탑], 기념 건조물, 기념물, 유적
     낚시 모자를 많이 모은 낚시꾼의 집에 낚시 모자를 기념물, 기념비처럼 쌓았다.

145 chemical [kémikəl] 화학의, 화학적인, 화학 작용의
     선글라스의 모양이 개미꼬리 모양으로 화학의 성분이 들어있다.

146 sow [sou] (씨를) 뿌리다
     릴낚싯대를 들고 농부가 소를 몰고 씨를 소올 솔 씨뿌리다.

147 antique [æntí:k] 구식의, 고미술의, 골동의
     가방 손잡이가 왠 티 나게 크니을 구식이다.

148 emergency [imə́:rdʒənsi] 비상사태, 비상시, 위급
     낚시가방을 쓰고 조카가 이모에게 이모 전시예요 하니 비상사태 또는 위급한 상황이다.

149 situation [sìtʃuéiʃən] 위치, 장소
     낚싯바늘이 많이 꽂혀 있는 곳은 석유 시추에 선의 위치, 장소가 된다.

공간지각 영어단어 연상 기억술 - 6

150 fear [fiər] 무서움, 두려움, 공포
   감나무에 감이 익어서 뻘거니까 피의 공포처럼 느껴진다.

151 gape [geip, gæp] 입을 딱 벌리다, 하품하다
   감나무 열매를 먹으려고 개가 입을 벌리다가 하품하다.

152 income [ínkʌm] (정기적, 특히 연간의) 수입, 소득
   감을 잘 관리한 일꾼에게 노동의 대가로 임금을 주니 수입 소득이 있다.

153 scene [siːn] 장면, 현장, 경치
   장대로 쳐서 감 따는 장면은 정말 신나는 장면으로 멋있는 경치가 펼쳐진다.

154 participate [paːrtísəpèit] 참여하다, 참가하다
   새 부리를 항상 가지고 다니며 파티 집회에 참여하다.

155 laundry [láːndri, láːn-] 세탁물, 세탁장, 세탁소[실]
   새 날개를 보니 넌더리 나는 세탁물이 생각난다.

156 volcanic [vɑlkǽnik / vɔl-] 화산의, 화산과 같은, 폭발성의, 격렬한
   새 꼬리에 불이 붙어 빨갛게 화산의 불처럼 타오르다.

157 figure [fígjər / -gər] 인물, 도형, 그림
   빗자루를 쳐다보고 비교하면서 그림과 모양을 확인해 본다.

158 oil [ɔil] 기름, 석유
   감나무 낙엽 밑에 오(5)일(日) 동안 쓸 기름을 몰래 감추어놓았다.

159 perceive [pərsíːv] 지각(知覺)하다, 감지(感知)하다, 알아차리다
   벌레를 보면서도 포 씹어먹고, 오징어포인지 쥐포인지 금방 알아차리다.

공간지각 영어단어 연상 기억술 - 7

160 option [ápʃən / ɔ́p-] 선택권, 선택의 자유
갑옷 입은 사람은 앞 손을 들어 싸울 수 있는 선택권 있다.

161 surgical [sə́:rdʒikəl] 외과적인
투구의 머리부터 사지에 칼 댈 수 있는 사람은 외과의 의사도 할 수 이다.

162 upset [ʌpsét] (뒤집어엎다)
갑옷을 입고 인쇄소에서 오프셋 인쇄판에 옷이 끼어서 판을 뒤집어엎었다.

163 zeal [zi:l] 열심, 열성, 열의, 열중
신발이 너무 멋있어서 침을 질질 흘리며 열중하여 열심히 보고 있다.

164 tough [tʌf] 튼튼한, 단단한, 질긴
칼자루를 탑 모양으로 만들어서 튼튼하다.

165 wolf [wulf] 이리, 늑대
칼 중간을 늑대가 물고 울부짖고 있다.

166 licence [láisəns] 승낙, 허락
칼날로 막으면서 나이 순서대로 출입을 허가하다.

167 anarchy [ǽnərki] 무정부
거북선 머리 위에다 애를 놓기란 무질서 무정부 상태와 같다.

168 sob [sɑb / sɔb] 흐느껴 울다, 흐느끼다
거북선 등위에서 애인과 헤어지기 섭섭해서 흐느껴 울다.

169 cherish [tʃériʃ] 〈어린아이를〉소중히 하다,〈추억을〉고이 간직하다
거북선 노에 붙어있는 한 개의 체리 씨를 소중히 하다.

공간지각 영어단어 연상 기억술 - 8

170 twin [twin] 쌍둥이
     갓을 두 사람이 똑같이 쓴 투인 은 쌍둥이 이다.

171 appeal [əpíːl] 애원하다, 간청하다, 빌다, 호소하다
     갓의 챙을 잡고 아이가 할아버지 등에 업힐려고 호소하다.

172 organize [ɔ́ːrɡənàiz] (조직하다)
     선비의 옷을 입고있는 장군이 오 군(五軍)을 나 이제 편성 조직했다고 한다.

173 suspect [səspékt] (의심하다)
     선비 신발을 한참동안 보고 있다가 경찰이 서서 펙도 의심한다.

174 worry [wə́ːri, wʌ́ri] 걱정시키다, ...의 속을 태우다
     연꽃을 어린아이가 몰래 먹을까봐 어리다고 걱정하다.

175 female [fíːmeil] (여성의)
     연꽃잎에는 피 매일 빨아먹는 암컷의 모기가 앉아있다.

176 opponent [əpóunənt] (논쟁, 경쟁 등의) 적수, 반대
     연꽃줄기를 말리는데 뒤집어서 엎어 논 것은 내가 아니고 적, 상대방이다.

177 surmise [sərmáiz, sə́ːrmaiz] 짐작(추측)하다, ...이라고 생각하다.
     솔잎을 들고 있는 아이를 보고 촌스러워서 아마 섬 아이지 라고 추측하다.

178 rust [rʌst] (녹슬다)
     소나무 줄기도 오래되면 녹슨 것처럼 붉게 녹슬다. 부식되다.

179 torrent [tɔ́ːrənt, tér- / tɔ́r-] 급류, 억수
     가야금 가지고 캐나다 토른토에서 연주하는데 억수같은 비 때문에 가야금이 다 젖었다.

공간지각 영어단어 연상 기억술 - 9

180　wheel [hwi:l] 바퀴, 수레바퀴, 자전거, 삼륜차
　　강물에 휠체어 바퀴 하나가 떠내려간다.

181　amaze [əméiz] 몹시 놀라게 하다
　　썰매 판 위에서 돈을 올려놓았는데 어메! 이자 줄 돈이 생각나 깜짝 놀라다.

182　resemble [rizémbəl] 닮다, 아주(약간) 닮다, ~을(~에) 비기다
　　썰매 받침의 모습이 나는 울보 닮았는데 너는 니~쨈볼을 닮다.

183　blaze [bleiz] 불꽃, 화염
　　썰매 꼬챙이로 붕어를 잡아 구워 먹기 위해 불을 피우니 불이 이제 확 타오른다.

184　tongue [tʌŋ] (말하는) 혀, 말하는 능력
　　대나무 낚싯대를 입에 물고 입안에 퉁퉁한 혀로 장난을 친다.

185　feminine [fémənin] 여자의, 여성의, 여성다운
　　낚싯줄만 붙잡고 물고기 하나 못 잡는 헤메이는 여성이 있다.

186　admit [ædmít, əd-] 허락하다, 인정하다
　　고기 뜰채를 내가 숨겼는데 어디 밑에 있다고 인정하다.

187　backbone [bǽkbòun] 등뼈, 기골
　　스케이트 끈이 바람에 백 번씩이나 날아가서 주어오느라고 등뼈가 휘어졌다.

188　rough [rʌf] 거칠거칠한, 껄껄한
　　스케이트 신발이 없어질까 봐 걱정되어 로프로 묶어놓은 것이 아주 거친 모습이다.

189　accuse [əkjú:z] 고발[고소]하다, ~에게 죄를 추궁하다
　　스케이트 날이 망가져서 시합 전날인 엊그제까지 맹렬히 비난하다.

공간지각 영어단어 연상 기억술 - 10

190 soothe [suːð] (신경, 감정을) 진정시키다, (고통 등을) 덜어주다
가죽으로 불쌍한 아이들을 수도 없이 겨울에 덮어주며 달래다, 진정시키다.

191 beckon [békən] 손짓[고갯짓, 몸짓]으로 부르다, 유인[유혹]하다
하이힐을 들고 강 건너기 위해서 뱃꾼(뱃사공)을 손짓과 몸짓으로 부른다.

192 shape [ʃeip] 모양, 꼴, 형태
가죽지갑을 새가 쪼아서 새(鳥)입 모양의 자국이 있다.

193 replace [ripléis] 제자리에 놓다, 되돌리다
가죽장갑을 끼고 멋있게 이불 레이스를 바꾸다, 교체하다.

194 acknowledge [əknálidʒ, ik- / -nɔ́l-] 인정하다, 알아차렸음을 알리다
목도리를 내가 등에 업고 날랐지 하니까 수고했다고 주인이 인정하다.

195 repeat [ripíːt] 되풀이하다, 반복하다
무스탕 옷을 도난당한 것은 너 때문이라고 니 핏대를 올리면서 같은 말을 되풀이하다.

196 via [váiə, víːə] ~을 거쳐, ~을 경유하여
가죽부츠를 수입할 때는 꼭 바이어를 거쳐서 들어온다.

197 terrible [térəbəl] 무시무시한
밸트로 때리면서 터러에 불까지 지르니 무서운 사람들이다.

198 siege [siːdʒ] 포위 공격
혁대를 빼앗으려고 서로들 쉬지 않고 포위 공격한다.

199 address [ədrés] 주소, 연설, 말 걸다
진열장 위에서 연설하는 친구에게 너 주소가 어디랬어? 하고 말을 건다.

공간지각 영어단어 연상 기억술 - 11

200. sorcery [sɔ́:rsəri] (악령의 힘을 빌려 행하는) 마법, 마술, 요술, 무술(巫術)
낯 얼굴에 미소를 지으며 마술사가 수수리 마수리 요술, 마술을 한다.

201. fruit [fru:t][집합적] (먹는) 과일, 실과
거울을 푸릇푸릇한 과일 껍질로 닦았다.

202. notorious [noutɔ́:riəs] (보통 나쁜 의미로) 유명한, 악명 높은
수도꼭지를 악명높은 노란 털 주인이 사용해서 노 털이어서 아주 유명하다.

203. detach [ditǽtʃ] 떼다, 떼어내다, 〈군대,군함을〉 파견하다
세면대를 새로 사니 붙어있는 상표의 뒤를 떼지 뒤 테지 떼다. 분리하다.

204. irrational [irǽʃənəl] 이성이 없는; 도리를 모르는,〔수학〕 무리(無理)수의
샤워기 물구멍이 한 개뿐이라서 이래서 늘 불합리한 것 있다.

205. tiny [táini] 작은, 조그마한
샤워기 손잡이를 목욕탕에서 타인이 아이에게 아주 작은 것으로 주었다.

206. barbarous [bá:rbərəs] 야만스러운(savage), 잔인한,〈소리가〉 귀에 거슬리는
샤워기 호수가 무엇인지도 잘 모르는 바보라서 미개한 사람처럼 보인다.

207. regard [rigá:rd] 〈사람,사물, 일을〉 ~으로 여기다
세수 비누를 밟으면 미끄러지니 나보다 니가 더 주의하라!

208. companion [kəmpǽnjən] 동료, 반려,단짝 친구; (우연한) 길동무
욕조 속에서 목욕을 깨끗이 하고 껌 파는 아이는 내 친구가 있다.

209. botanize [bétənàiz / bɔ́t-] 식물을 채집하다, 식물을 실지 연구하다
욕조기 다리 옆에 있는 식물은 밭터에서 나 이제 막 식물을 채집하다 놓아둔 것이다.

공간지각 영어단어 연상 기억술 - 12

210. follow [fálou / fɔ́lou] (시간·순서에서) …에 뒤따르다, …의 다음에 오다.
낙지를 잡으로 홀로 가는 사람을 뒤따르다가 갑자기 포로를 뒤쫓다.

211. mortal [mɔ́ːrtl] 죽을 운명의, 죽어야 할
낙지머리가 목에 걸리는 인간들은 모두들 죽음을 못 변할 운명의 인간들이다.

212. resolve [rizálv / -zɔ́lv] …에게 결심[결의]하게 하다
낙지 발 하나 때문에 이제부터는 니 졸부짓 않겠다고 결심하다.

213. contract [kántrækt / kɔ́n-] 계약(서), 약정 (계약에 의해) 일을 청부 맡은.
갈고리로 땅에 트랙터 그림을 그리면서 큰 트랙터를 계약하다.

214. supplement [sʌ́plmənt] 보충, 부록, 추가, 증간(增刊), 보유
괭이를 대장간에서 사서 비상금을 다 써버리면 다시 보충한다.

215. clothe [klouð] 〈몸에〉 의복을 걸치다, 입다
괭이 자루로 옷을 클러도 잘 안되니 다시 옷을 입히다.

216. result [rizʌ́lt] 결과로서 생기다
조개를 많이 잡으니 니 졸도할 만한 결과가 생긴다.

217. yield [jiːld] 산출하다, 내다
밀짚모자를 쓰고 일도 하면서 물건을 생산하다.

218. folk [fouk] 가족, 서민
낚시 대도 사주면서 포크로 스테이크를 먹여주는 가족 같은 사람들이 있다.

219. repent [ripént] 후회하다, 뉘우치다, 회개하다
미끼 통을 팬티로 덮으니 너가 준다는 팬티가 생각나 니팬티 안 받은 것을 후회하다.

공간지각 영어단어 연상 기억술 - 13

220 beauty [bjúːti] 미인, 가인, 아름다움
난초를 거실에 놓으면 부(富)티 나게 아름다움이 있다.

221 foe [fou] 적, 원수
난초 꽃을 포로 쏴서 정확히 맞춘 것은 상대, 적군 있다.

222 version [və́ːrʒən, -ʃən] 번역, 번역문
화병을 오래도록 보존 할 수 있는 책이 번역판으로 나왔다.

223 despise [dispáiz] 경멸하다, 멸시하다
화병 받침 하나 때문에 친구가 뒤에서 뒤 스파이 짓 하는 것을 경멸하다.

224 instruct [instrʌ́kt] 가르치다, 교육하다
조로 물구멍을 보고 트럭을 인수한 트럭 운전사에게 세차 방법을 가르치다.

225 mock [mɑk, mɔ(ː)k] 조롱[우롱]하다, 비웃다
물 조로 통에 밥을 먹으니 모두들 비웃다. 얼굴을 가리고 목소리를 흉내내다.

226 reveal [rivíːl] (폭로하다)
물 조로 손잡이를 사기꾼에게 들이대며 니 비휠(비위 非違)를 폭로하다.

227 convoy [kɑ́nvɔi / kɔ́n-] 호송하다, 호위하다
꽃삽 자루를 들고서 큰 소년 큰 보이가 나를 호위하다.

228 aloud [əláud] 소리내어, 들을 수 있을 정도로
꽃삽 중간을 들어올려서 올라다 보며 큰 소리로 악을 써 본다.

229 shake [ʃeik] 흔들다, 잡아 흔들다, 뒤흔들다
꽃삽 날로 풀을 헤치면서 쎄이코 시계를 찾으니 기뻐서 흔들다.

공간지각 영어단어 연상 기억술 - 14

230 fluid [flúːid] 〈동작 등이〉 흐르는듯 부드러운
　　　낟가리가 썩어서 이상한 물이 흐르다. 그것은 액체이다.

231 mislead [mislíːd] 오도하다, 잘못 인도하다; 갈피를 못잡게 하다. 속이다
　　　낟가리 버팀목을 잘못세운 미스 리도 잘못 인도하다. 미스 리도 나를
　　　오해하게 하다.

232 robust [roubʌ́st]
　　　낟가리 지붕을 한번에 들어올린 로봇은 튼튼하고, 건강하다.

233 continue [kəntínjuː] 연속하다
　　　새끼줄을 태워서 콘 튀는 일을 재미있어서 계속하다.

234 allow [əláu] 허가하다.
　　　수수이삭이 점점 자라서 하늘위로 올라오기를 허락하다.

235 flock [flɑk / flɔk] (무리 짓다).
　　　수수 대 사이로 새들이 날개를 펄럭이며 무리 지어 몰려들다.

236 metropolis [mitrɑ́pəlis / -trɔ́p-] 수도(capital), 활기찬 대도시
　　　수수 잎을 잘라버리고 그 곳을 밑으로 버려서 중심지가 되는 수도를 건설했다.

237 rude [ruːd] 버릇없는(impolite),
　　　장작불 앞에서 옷을 벗은 누드는 무례하고 버릇없는 짓이다.

238 arrange [əréindʒ] 가지런히 하다, 정돈하다
　　　나무 장작 옆으로 오렌지를 잘 정리, 정돈, 배열하다.

239 fault [fɔːlt] 결점, 흠, 단점, 결함
　　　소년에게 헐뜯는 것은 결점 알리는 것이다.

공간지각 영어단어 연상 기억술 - 15

240 chalk [tʃɔ:k] 색분필, 색초크
날개 위에 어떤 새의 날개에도 척척 잘 써지는 분필이 있으면 좋겠다.

241 mercy [mə́:rsi] 연민
독수리 날개를 치료해준 것이 뭣이 자비냐?

242 bachelor [bǽtʃələr] 미혼 남자
독수리 부리를 꼭 잡고 잔인하게 배 쫄라 죽이자는 독신 남자이다.

243 ruin [rú:in] 파괴된 것, 황폐한 것, 잔해
독수리 발톱에 잡힌 누나 누인 이제부터 파멸의 길로 가게 될 거야!

244 contaminate [kəntǽmənèit] 더럽히다, 오염시키다
들쥐 머리보고 놀래서 아이스 콘을 먹다가 콘 때문에 내 옷을 더럽히다.

245 fame [feim] 명성, 명예
들쥐 몸통을 만지고도 해임되지 않고 더욱더 명성이 높다.

246 mention [ménʃən] 간단히 말하다, 언급하다
들쥐꼬리를 맨션아파트 주민들이 먹을 수 없게 ~에 관해 언급하다.

247 seem [si:m] 처럼 보이다, 보기에~하다
부엉이 머리를 때리며 놀고 있는 아이가 심심한 것 ~처럼 보인다.

248 candle [kǽndl] 양초, 양초 모양의 것
부엉이 가슴이 촛불이 간들거리는 양초 때문에 탔다.

249 obscure [əbskjúər] 애매한, 모호한
부엉이 발톱을 내가 분명히 봤는데 친구가 없을 껴! 하니 애매 모호하다.

공간지각 영어단어 연상 기억술 - 16

250 severance [sévərəns] 단절, 분리, 격리; 절단, 분할; 격리
    냄비에 데이어서 결국 다리를 세브란스 병원에서 절단했다.

251 cautious [kɔ́:ʃəs] (주의 깊은)
    구세군 모자를 친구를 꼬셔서 가져오는데 조심하는 친구

252 occasion [əkéiʒən] (경유, 이유, 원인)
    사랑의 뺏지를 달 수 있으니 오케이(OK) 좋은 기회이다.

253 several [sévərəl] 몇몇의, 수개의, 몇 개의
    구세군 종을 들고 새를 불러 몇 개의 먹이를 몇몇의 새에게 주었다.

254 occur [əkə́:r] (사건이~떠오르다), 나오다, 나타나다.
    자선냄비대 위의 별을 등에 업고 뛰는 사건이 일어났다.

255 cereal [síəriəl] 곡식의, 곡초의; 곡물로 만든
    자선냄비 통 입구에 씨를 넣었지만 곡물은 아니다.

256 deputy [dépjəti] 대리인, 대리역, 부관;
    자선냄비 통 속에 돈을 많이 넣는 사람은 대표 티를 낼 수 있는 자는 대리인 또는 대표자이다.

257 ocean [óuʃən] (바다)
    귀 보호대가 어선(漁船)이 있는 대양 위 떠다닌다.

258 asylum [əsáiləm] (도피처).
    오리 털 잠바를 의사 일념으로 수용소에 가져다 주었다.

259 seclude [siklú:d] ~에서 떼어놓다
    지폐를 많이 가지고 시골루다 은둔하다.

공간지각 영어단어 연상 기억술 - 17

260. sermon [sə́ːrmən] 성서에 의한 설교, 설법
납으로 만든 설교대에서 소문나게 설교를 하니 교훈적이다.

261. inspect [inspékt] 면밀하게 살피다, 점검[검사]하다
납 줄을 내가 인수했는데 백도 검사하다, 조사하다.

262. wall [wɔːl] 벽
인두자루를 잡고 벽에 대고 월 담을 한다.

263. attach [ətǽtʃ] 첨부하다, 붙이다, 달다, 바르다
인두 끝으로 부품을 어! 떼지 말고 다 붙이다, 부착하다.

264. insane [inséin] 제정신이 아닌, 미친, 광기의
펜치를 들고 인쇄 인이 미친 듯한 모습으로 발광하다.

265. certain [sə́ːrtən] 확실한
망치로 못을 박는걸 보니 일이 서툰 것이 확실하다.

266. fancy [fǽnsi] 공상, 몽상, 상상(력), 심상, 이미지
망치자루를 들고 무대에서 노래하는 인기 가수를 팬씨들이 좋아한다.

267. memorial [mimɔ́ːriəl] 기념물
가스통손잡이 위에 아름다운 미인을 보고 미모를 기념하는 기념비를 세워 놓았다.

268. opaque [oupéik] 불투명한, 빛을 통과시키지 않는
가스통을 많이 사용하면 오페크(OPEC)유가가 불투명한 것을 느낀다.

269. scarce [skɛərz] 부족한, 적은, 모자라는
가스통 호수로 석회수를 날려버리니 석회수가 부족한 것 같다.

공간지각 영어단어 연상 기억술 - 18

270 asset [ǽset] (자산)
낫 한 자루와 애 셋이 나의 전 재산이다.

271 cheap [tʃiːp] (싸구려의 보잘것없는)
낫자루를 잡고 쥐포를 잘라서 먹으니 값싼 간식이 된다.

272 famine [fǽmin] 식량 부족, 기근
낫 날을 갈러 다니며 여기저기 헤메이는 아이는 굶주림과 배고픔을 견디다

273 meat [miːt] 고기, 식용 수육
숫돌 밑에 짐승의 고기를 감추어 두었다.

274 oral [ɔ́ːrəl] (입의)
농부모자를 자르니 오!를 하며 입을 통해서 소리가 나다.

275 cause [kɔːz] (원인)
농부의 팔을 거즈로 칭칭 감은 것은 이유가 있다.

276 sensitive [sénsətiv] (민감한, 신경과민)
볏단 위에 쌘스있게 티브이 (TV)를 싫고 가니 깨질까봐 신경이 민감해진다

277 candidate [kǽndədèit, -dit-] 후보자, 지원자
허수아비 얼굴에게 캔디 주고 데이트 신청하면 캔디 데이트 후보자가 된다.

278 order [ɔ́ːrdər] 명령하다. 주문하다
허수아비 팔 꼭 잡고 오도 가도 못하게 명령하다.

279 permanent [pə́ːrmənənt] 영속하는, (반)영구적인
허수아비 옷을 입은 아줌마 머리의 퍼머는 영구적인 것이다.

공간지각 영어단어 연상 기억술 - 19

280 ascent [əsént] 오름, 올라감
낭군의 인기가 오 센트 상승했다.

281 scare [skɛər] 깜짝 놀래주다, 위협하다
족두리를 쓴 나를 으르렁대는 수캐가 겁나게 하다. 놀라게 하다.

282 chasm [kǽzəm] (지면·바위 등의) 깊게 갈라진 넓은 틈; (벽·돌담의) 금, 균열
비녀가 깨짐으로 갈라진 틈이 눈에 보인다.

283 familiar [fəmíljər] 잘 알려져 있는
신부 옷 위에다 말리는 밀은 좋은 호밀이야! 너 잘 알고 있는 거지?

284 means [mi:nz] 의미 하다, ……의 뜻이다, ……의 뜻으로 말하다
술병을 들고 시위는 사람은 민주적인 수단과 방법으로 하는 것이다.

285 assassin [əsǽsin] 암살자, 자객
시루떡을 통째로 어! 사신! 같은 암살자가 먹었다.

286 rural [rúərəl] (도시에 대하여) 시골의, 전원의, 촌스러운
닭이 누런 색을 띠우는 시골의 닭이다.

287 phenomenon [finámənàn / -nɔ́mnən] 현상
사모 속에서 피나면은 나쁜 현상이다.

288 meek [mi:k] 순한, 유순한 기백[패기] 없는,
얼굴 가리개하면 진짜 좋은 건지 믿거나 말거나 온순한 신랑이다.

289 candid [kǽndid] 솔직한(frank), 숨김없는
신랑 옷 속에 나중에 먹으려고 캔디도 많이 넣었다고 솔직한 마음으로 말했다.

공간지각 영어단어 연상 기억술 - 20

290 fair [fɛər] (사람이) 「금발의」; 「살갗이 흰」 박람회, 견본시, 전시회
낮에 미인을 만났는데 빼어나게 아름다운 금발의 미인이다.

291 physical [fízikəl] 육체의, 신체의
파라솔 위에서 일하다가 비지꼴이 된 육체의 모습을 보다.

292 role [roul] 역할, 임무, (배우의) 배역
파라솔파이프를 들고 오는 것을 놓고 먹는 역할이다.

293 sweat [swet] 땀흘림, 발한
고무튜브를 스웨터로 감싸니 더워서 땀을 흘리다

294 material [mətíəriəl] 물질, 재료, 원료
바구니손잡이의 재료는 모티를 만드는 중요한 옷감의 재료이다.

295 shower [ʃáuər] 보이는 사람[물건] 소나기; 갑자기 쏟아지는 눈
과일바나나를 소나기 같은 샤워기 물로 씻었다.

296 busy [bízi] (바쁜)
과일바구니를 들고 두부공장에서 비지을 담아서 바쁘게 집으로 들어왔다.

297 physician [fizíʃən] 내과 의사
스트로우 때문에 몸이 안 좋으면 피지선을 내과의사가 조사한다.

298 define [difáin] 정의를 내리다
유리컵을 뒤 파인 옷에 넣어도 좋은지 나쁜지 정의를 내리다.

299 resune [rizúːm / -zjúːm]
컵 받침이 놓여있는 이쯤에서부터 우리는 다시 시작하다.

영어단어 연상기억 확인 테스트 1

번호	영어단어	발음기호	연상하여 뜻 쓰기
100	ambitious	[æmbíʃəs]	
101	achievement	[ətʃíːvmənt]	
102	hug	[hʌg]	
103	spectacle	[spektəkəl]	
104	derive	[diráiv]	
105	pursue	[pərsúː/-sjúː]	
106	calamitous	[kəlǽmitəs]	
107	muggy	[mʌ́gi]	
108	angry	[ǽŋgri]	
109	adjourn	[ədʒə́ːrn]	
110	fatigue	[fətíːg]	
111	idle	[áidl]	
112	injure	[índʒər]	
113	abroad	[əbrɔ́ːd]	
114	vocal	[vóukəl]	
115	scholar	[skálər/skɔ́l-]	
116	feudal	[fjúːdl]	
117	opinion	[əpínjən]	
118	peculiar	[pikjúːljər]	
119	arbitrary	[áːrbitrèri, trəri]	

영어단어 연상기억 확인 테스트 2

번호	영어단어	발음기호	연상하여 뜻 쓰기
120	zoo	[zuː]	
121	unique	[juːníːk]	
122	huge	[hjuːdʒ, juːdʒ]	
123	according	[əkɔ́ːrdiŋ]	
124	architect	[ɑ́ːrkitèkt]	
125	tear	[tɛər]	
126	pain	[pein]	
127	dull	[dʌl]	
128	convince	[kənvíns]	
129	moral	[mɔ́(ː)rəl, mɑ́r-]	
130	agreement	[əgríːmənt]	
131	genuine	[dʒénjuin]	
132	inquire	[inkwáiər]	
133	sculptor	[skʌ́lptər]	
134	aquarium	[əkwɛ́əriəm]	
135	torment	[tɔ́ːrment]	
136	stock	[stɪk/stɔk]	
137	voice	[vɔis]	
138	hide	[haid]	
139	cook	[kuk]	

영어단어 연상기억 확인 테스트 3

번호	영어단어	발음기호	연상하여 뜻 쓰기
140	sovereign	[sávərin, sʌ́v-]	
141	breathe	[briːð]	
142	faculty	[fǽkəlti]	
143	simulate	[símjəlèit]	
144	monument	[mánjəmənt/mɔ́n-]	
145	chemical	[kémikəl]	
146	sow	[sou]	
147	antique	[æntíːk]	
148	emergency	[imə́ːrdʒənsi]	
149	situation	[sìtʃuéiʃən]	
150	fear	[fiər]	
151	gape	[geip, gæp]	
152	income	[ínkʌm]	
153	scene	[siːn]	
154	participate	[paːrtísəpèit]	
155	laundry	[láːndri, lɔ́ːn-]	
156	volcanic	[vɑlkǽnik/vɔl-]	
157	figure	[fígjər/-gər]	
158	oil	[ɔil]	
159	perceive	[pərsíːv]	

영어단어 연상기억 확인 테스트 4

번호	영어단어	발음기호	연상하여 뜻 쓰기
160	option	[ápʃən/ɔ́p-]	
161	surgical	[sə́ːrdʒikəl]	
162	upset	[ʌpsét]	
163	zeal	[ziːl]	
164	tough	[tʌf]	
165	wolf	[wulf]	
166	licence	[láisəns]	
167	anarchy	[ǽnərki]	
168	sob	[sɑb/sɔb]	
169	cherish	[tʃériʃ]	
170	twin	[twin]	
171	appeal	[əpíːl]	
172	organize	[ɔ́ːrɡənàiz]	
173	suspect	[səspékt]	
174	worry	[wə́ːri, wʌ́ri]	
175	female	[fíːmeil]	
176	opponent	[əpóunənt]	
177	surmise	[sərmáiz, sə́ːrmaiz]	
178	rust	[rʌst]	
179	torrent	[tɔ́ːrənt, tér-/tɔ́r-]	

영어단어 연상기억 확인 테스트 5

번호	영어단어	발음기호	연상하여 뜻 쓰기
180	wheel	[hwiːl]	
181	amaze	[əméiz]	
182	resemble	[rizémbəl]	
183	blaze	[bleiz]	
184	tongue	[tʌŋ]	
185	feminine	[fémənin]	
186	admit	[ædmít, əd-]	
187	backbone	[bǽkbòun]	
188	rough	[rʌf]	
189	accuse	[əkjúːz]	
190	soothe	[suːð]	
191	beckon	[békən]	
192	shape	[ʃeip]	
193	replace	[ripléis]	
194	acknowledge	[əknάlidʒ, ik-/-nɔ́l-]	
195	repeat	[ripíːt]	
196	via	[váiə, víːə]	
197	terrible	[térəbəl]	
198	siege	[siːdʒ]	
199	address	[ədrés]	

영어단어 연상기억 확인 테스트 6

번호	영어단어	발음기호	연상하여 뜻 쓰기
200	sorcery	[sɔ́ːrsəri]	
201	fruit	[fruːt]	
202	notorious	[noutɔ́ːriəs]	
203	detach	[ditǽtʃ]	
204	irrational	[irǽʃənəl]	
205	tiny	[táini]	
206	barbarous	[báːrbərəs]	
207	regard	[rigáːrd]	
208	companion	[kəmpǽnjən]	
209	botanize	[bétənàiz/bɔ́t-]	
210	follow	[fálou/fɔ́lou]	
211	mortal	[mɔ́ːrtl]	
212	resolve	[rizálv/-zɔ́lv]	
213	contract	[kántrækt/kɔ́n-]	
214	supplement	[sʌ́plmənt]	
215	clothe	[klouð]	
216	result	[rizʌ́lt]	
217	yield	[jiːld]	
218	folk	[fouk]	
219	repent	[ripént]	

영어단어 연상기억 확인 테스트 7

번호	영어단어	발음기호	연상하여 뜻 쓰기
220	beauty	[bjúːti]	
221	foe	[fou]	
222	version	[və́ːrʒən, -ʃən]	
223	despise	[dispáiz]	
224	instruct	[instrʌ́kt]	
225	mock	[mɑk, mɔ(ː)k]	
226	reveal	[rivíːl]	
227	convoy	[kɑ́nvɔi/kɔ́n-]	
228	aloud	[əláud]	
229	shake	[ʃeik]	
230	fluid	[flúːid]	
231	mislead	[mislíːd]	
232	robust	[roubʌ́st]	
233	continue	[kəntínjuː]	
234	allow	[əláu]	
235	flock	[flɑk/flɔk]	
236	metropolis	[mitrɑ́pəlis/-trɔ́p-]	
237	rude	[ruːd]	
238	arrange	[əréindʒ]	
239	fault	[fɔːlt]	

영어단어 연상기억 확인 테스트 8

번호	영어단어	발음기호	연상하여 뜻 쓰기
240	chalk	[tʃɔːk]	
241	mercy	[mə́ːrsi]	
242	bachelor	[bǽtʃələr]	
243	ruin	[rúːin]	
244	contaminate	[kəntǽmənèit]	
245	fame	[feim]	
246	mention	[ménʃən]	
247	seem	[siːm]	
248	candle	[kǽndl]	
249	obscure	[əbskjúər]	
250	severance	[sévərəns]	
251	cautious	[kɔ́ːʃəs]	
252	occasion	[əkéiʒən]	
253	several	[sévərəl]	
254	occur	[əkə́ːr]	
255	cereal	[síəriəl]	
256	deputy	[dépjəti]	
257	ocean	[óuʃən]	
258	asylum	[əsáiləm]	
259	seclude	[siklúːd]	

영어단어 연상기억 확인 테스트 9

번호	영어단어	발음기호	연상하여 뜻 쓰기
260	sermon	[sə́:rmən]	
261	inspect	[inspékt]	
262	wall	[wɔ:l]	
263	attach	[ətǽtʃ]	
264	insane	[inséin]	
265	certain	[sə́:rtən]	
266	fancy	[fǽnsi]	
267	memorial	[mimɔ́:riəl]	
268	opaque	[oupéik]	
269	scarce	[skɛərz]	
270	asset	[ǽset]	
271	cheap	[tʃi:p]	
272	famine	[fǽmin]	
273	meat	[mi:t]	
274	oral	[ɔ́:rəl]	
275	cause	[kɔ:z]	
276	sensitive	[sénsətiv]	
277	candidate	[kǽndədèit, -dit-]	
278	order	[ɔ́:rdər]	
279	permanent	[pə́:rmənənt]	

영어단어 연상기억 확인 테스트 10

번호	영어단어	발음기호	연상하여 뜻 쓰기
280	ascent	[əsént]	
281	scare	[skɛər]	
282	chasm	[kǽzəm]	
283	familiar	[fəmíljər]	
284	means	[mi:nz]	
285	assassin	[əsǽsin]	
286	rural	[rúərəl]	
287	phenomenon	[finámənàn]	
288	meek	[mi:k]	
289	candid	[kǽndid]	
290	fair	[fɛər]	
291	physical	[fízikəl]	
292	role	[roul]	
293	sweat	[swet]	
294	material	[mətíəriəl]	
295	shower	[ʃáuər]	
296	busy	[bízi]	
297	physician	[fizíʃən]	
298	define	[difáin]	
299	resune	[rizú:m/-zjú:m]	

중학교 교과서 영어단어 유음법 (類音法) [1~20]

1	introduce	[인트러듀우스]	사람 인스들어 두 뉴스에서 소개하다.
2	leader	[리-더]	내가아니고 니 더러 지도자나 지휘자를 하라고 한다.
3	join	[쥐인]	나사를 돌려서 쪼이고 쪼인 것이 결합하다.
4	funny	[퐈니]	땅을 손으로 파니 재미있는 또는 익살스런 행동이다.
5	careful	[케어풀]	호미로 풀을 캘 때 캐어 풀하게 주의 깊게 캐어라.
6	honest	[아-니스트]	나는 스타가 아니니까 아 니스트 라고 정직하고 성실하게 말했다.
7	cartoon	[카투운]	만화 그림 속에다 가둔 것은 만화이다.
8	information	[인풔메이션]	사람 인스 포위에서 매일 쇼한다고 통지, 통보하다.
9	scientist	[싸이언티스트]	과학자가 싸이면 언제나 티 나게 스트레스가 쌓인다.
10	future	[풔니쳐]	무엇이든 부디쳐 봐 미래, 장래를 위해서…
11	really	[리얼리]	니 얼빠지게 리얼하게 참으로, 실제로 연기해 봐!
12	near	[니어]	니 어디에 있었니? 가까운 곳에 있었지
13	elementary	[얼리먼터리]	얼리, 먼지 털리는 기본적으로 초보자도 한다.
14	hardworking	[하드워킹]	하드 먹고 워킹하면 근면한 사람이다.
15	expression	[엑스프레션]	×엑스 자를 풀에서 표현하고 나서 표시한다.
16	festival	[페스티벌]	벌을 잡아서 페스 하고 티 나게 벌로 축제를 한다.
17	broadcasting	[브러드캐스팅]	노래만 잘 불러도 캐스팅 되다. 그러면 라디오 방송에서 먼저 불러야지.
18	skill	[스킬]	나도 스킬 잘 탈수 있게 숙련시켜야한다.
19	address	[어드레스]	관중 앞에서 어! 드레스 입고 인사말하고 연설하고 주소도 알려준다.
20	care	[케어]	마음속에서 케어 버릴 것은 걱정이나 근심거리이다.

중학교 교과서 영어단어 유음법 (類音法) [21~40]

21	sick	[씩]	갑자기 씩씩거리는 것은 병으로 숨이 차서 그렇다.
22	frighten	[프라이튼]	계란 후라이 든 사람이 나를 무서워하게 하다. 놀라게 하다.
23	shout	[샤우트]	누구나 싸울 때 외치다. 외침
24	finally	[파이널리]	쵸코 파이를 널리 알리기 위해서 드디어 최후로 내가 결국 알리고 말았다.
25	great	[그래이트]	나는 그래 이제부터 위대한, 큰, 중요한, 굉장한 일이 생길 것이다.
26	interesting	[인터리스팅]	사람 인시 텔이 가 쓱~팅기니까 재미있고, 흥미있다.
27	choose	[츄우즈]	우리는 추가로 우주를 선택한다. 선거한다.
28	ready	[뤠디]	영화촬영 감독이 고 하기 전에 뤠디 하고 준비한다.
29	hard	[하-드]	여름에 하드를 하도 먹어 봐서 굳은 것과 단단한 것이어야 한다.
30	tired	[타이어드]	몸이 피로한데도 공짜로 타이어 드리고, 싫증난다해도 타이어 드립니다.
31	wrong	[륑]	크게 륑~ 하고 소리지르면 나쁜, 옳지 못한 짓이다.
32	stay	[스테이]	테이블 위에 스테이크 가 그대로 있다. 머무르다.
33	sleep	[슬립]	어린아이가 슬리퍼 신고자다. 재우다.
34	contest	[컨테스트]	엄마가 미인 컨테스트에서 다투다. 논쟁하다.
35	elementary	[엘리멘터리]	엘리베이터 안에서 멘다리 보는 것은 기본적이고 초보적인 것이다.
36	hobby	[하비]	할아버지를 줄여서 하비라고 부르는 것이 나의 취미이다.
37	fall	[폴]	낙엽이 펄 펄 떨어지다. 낙하하다.
38	upset	[업셋]	아이셋을 업다가 글자를 뒤집어서 엎셋(뒤집어지다, 뒤집히다)
39	mess	[메스]	속이 메스꺼워 실수하다.
40	empty	[엠프티]	엠프 속이 티나게 비어있다. (빈)

중학교 교과서 영어단어 유음법 (類音法) [41~60]

41	complete	[컴플리트]	컴컴한 밤이 완전히 풀리듯 아침이 완성된다.
42	fog	[포그]	호수에 폭은 하게 안개가 깔려있다.
43	happen	[헤픈]	씀씀이가 헤픈 것은 우연히 많은 건수가 일어나다.
44	wake	[웨이크]	너는는 왜! 이익 때문에 눈을 뜨다. 깨어 있다.
45	surprised	[써프라이즈드]	돈 많이 써버려! 나 이제에 놀란다.
46	unfair	[언훼어]	언제나 나만 페어 불공평하다. 부정한, 교활한,
47	mess	[메스]	속이 메스꺼워 실수. 혼란하다.
48	site	[사이트]	부지 위에 싸인 하면 내 용지의 위치이다.
49	grade	[그래이드]	훈련이 끝나면 그래 이들도 등급, 계급이다.
50	chew	[츄-우]	추~하게 음식 따위를 씹다. 깨물다.
51	floor	[플로어]	플로~칠해서 마루, 층계에 부치다.
52	carry	[캐리]	우리 집 개 캐리가 물건을 나르다. 운반하다.
53	package	[팩키쥐]	휙 하고 스러진 키 큰 쥐가 꾸러미. 짐 속에 있다.
54	sweep	[스윕]	수입하여 비로 슬다, 소제하다.
55	cartoon	[카-툰]	자동차 카에 다가 둔 것은 만화이다.
56	already	[어-얼뤠디]	얼리 뒤에 있었는데 벌써 이미 와 있다,
57	tired	[타이어드]	타이어를 들으니 무거워서 피로하다. 싫증난다.
58	rest	[뤠스트]	니~ 스트레스 쌓이면 휴식하라. 휴양. 안식하라.
59	return	[리터-언]	친구에게 니~터져서 언니가 돌아오다. 다시 오다.
60	shout	[샤우트]	친구끼리 싸우지 4분의1씩 음식을 나누어 먹어라.

중학교 교과서 영어단어 유음법 (類音法) [61~80]

61	place	[플래이스]	일정하게 풀에 있으니까 장소이다. (곳)
62	plate	[플래이트]	풀에다 잇따라서 접시나 판을 늘어놓았다.
63	surprise	[써프라이즈]	돈을 많이 써브라 하여 나 이제 놀라게 하다.
64	reply	[리플라이]	수학문제 니~ 플나이 인지 답변하다. 대답하다.
65	again	[어겐]	날씨가 어! 게인 날이 다시 한번. 또 오다.
66	chore	[춰어]	날씨가 추워서 잡일이나 허드렛일 하기 힘들다.
67.	sweeping	[스위핑]	스위스에 간다고 핑계 대고 대대적으로 모조리 놀러갔다.
68	early	[어얼-리]	얼~리 오늘 웬일이야. 일찍이 일어나다.
69	leave	[리-브]	니~ 부모님 생각에 남기다. 잊고 가다. 떠나다.
70	wait	[웨이트]	그를 위해 왜~ 있때까지 기다리다.
71	company	[캄퍼니]	너 껌 파니? 나는 상대 회사이다.
72	grade	[그래이드]	그래! 이틈에 등급 계급 올리다.
73	outside	[아웃싸이드]	운동경기중 선 밖으로 나가면 아웃이 된다. 외부, 외측이다.
74	inside	[인싸이드]	운동경기 중 라인 안쪽이 되니 내부가 된다.
75	sad	[새드]	새들도 새드 하게 슬피 운다. 슬픈, 애처로움.
76	excitedly	[엑싸이티들리]	외계인이 이상한 액을 싸다. E.T들이 흥분하여 날뛴다.
77	alone	[얼로운]	얼굴로 우는 외로운 사람이 홀로 있다.
78	empty	[엠프티]	소리 큰 엠프는 티를 낸다. 빈곳에 공허한 곳에서…
79	work	[워-크]	워~ 워하게 크게 소리내면 일하다. 공부하다.
80	believe	[빌리브]	신앙을 믿으라고 손 모아 빌고 이브와 아담이 믿다. 신앙하다

중학교 교과서 영어단어 유음법(類音法) [81~100]

81	just	[쥐스트]	싸움에서 졌스면 트집 잡지마 정당한 방법으로 이겼으니까.
82	wear	[웨어]	왜! 어머니들은 오래된 외투를 입고 있다. 신다.
83	ride	[롸이드]	나이든 사람이 차를 타고 간다. 타다. 올라타다.
84	pick	[피크]	새가 픽하고 날아와 내 머리를 쪼다. 뜯다. 뽑다.
85	argue	[아-규-]	아~ 규제를 정함에 있어서 논의하다. 논하다. 주장하다.
86	over	[오우버]	오버코트는 겉에 초과하여 바로 위에 입는다. (~위에)
87	main	[메인]	중요한 것을 빼고 헤메인 것은 주된 요인이 된다.
88	gate	[게이트]	문 앞에 개 있는 곳이 게이트니 출입자를 살핀다.
89	museum	[뮤지-엄]	무지 엄하게 박물관을 관리한다.
90	past	[패스트]	공을 벌써 패스했는데 이제 트집 잡으면 지나간 과거의 이야기다.
91	arrive	[얼라이브]	얼라들이 라이브노래를 듣기 위해 공연장에 도착했다.
92	drinking	[드링킹]	음주하면 드링크를 킹으로 마심.
93	hospital	[하스피틀]	웨하스를 먹고 피부에 털이 나면 병원에 가야한다.
94	laughing	[래핑]	내 핑계 대고 웃는 것은 즐거운 일이다.
95	hungry	[헝그리]	동생이 형 그리도 배고픈 거야! 시장한.
96	beg	[벡]	손으로 백 번씩이나 빌다, 청하다, 간청하다.
97	pardon	[파-든]	먹는 파를 들고 일하는 사람 파든 사람을 용서한다.
98	ever	[에버]	우리 애 보고 싶으면 언제든지 오라.
99	seek	[씨익]	필요한 것이 있으면 씨익 하고 웃으면서 구하다. 찾다
100	each	[이-취]	각자의 자기 이치 맞게 일하면 각각의 일이 된다.

제6장

The Superspeed Memory | 두뇌훈련 수리 계산법

수리계산 덧셈

1. 덧셈의 원리와 방식

수리계산 덧셈은 숫자를 세 개씩 합하여 20이 되는 수가 공식이 된다. 덧셈의 공식은 2단에서 9단까지 기본적으로 암기하고 눈으로 보는 순간 신속 정확하게 산출할 수 있도록 숙달 훈련이 필요하다.

2. 숫자를 빨리 읽을 방법

아라비아 숫자를 한 숫자로 읽는 방법은 시간을 절약하고 빨리 읽기 위해서는 한글의 받침을 빼고 읽은 것이 매우 바람직하다.

예	2	3	4	5	6	7	8	9
	이	삼	사	오	유	치	파	구

덧셈의 공식을 암기하기 위해서는 여러번 되풀이하여 완전히 입에 익히도록 반복숙달 훈련하는 것이므로 숫자를 보는 즉시 합산이 되어 나올 수 있도록 충분한 연습이 필요하다.

그리하면 자신도 놀라울 정도로 덧셈 능력이 뛰어나게 된다. 누구든지 수리력을 향상시켜 산수를 잘하게 되며 또한 두뇌 회전이 남보다 뛰어나게 되므로 모든 계산 능력에 있어서도 자신감이 생기게 되므로 우등생이 될 수 있다.

수리계산 덧셈 99단

2단부터 9단까지 반복적으로 익히세요.

2단	299 이구구							
3단	389 삼파구	398 삼구파						
4단	479 사치구	488 사파파	497 사구치					
5단	569 오유구	578 오치파	587 오파치	596 오구유				
6단	659 유오구	668 유유파	677 유치치	686 유파유	695 유구오			
7단	749 치사구	758 치오파	767 치유치	776 치치유	785 치파오	794 치구사		
8단	839 파삼구	848 파사파	857 파오치	866 파유유	875 파치오	884 파파사	893 파구삼	
9단	929 구이구	938 구삼파	947 구사치	956 구오유	965 구유오	974 구치사	983 구파삼	992 구구이

1. 합이 20의 숫자가 될 수 있게 어떤 숫자를 넣으면 될까요?

□ 9구 +9구 20	3삼 □ +8파 20	4사 +8파 □ 20	5오 □ +8파 20	□ 6유 +8파 20
7치 +5오 □ 20	8파 □ +8파 20	□ 3삼 +8파 20	3삼 +9구 □ 20	4사 +9구 □ 20
8파 +7치 □ 20	6유 □ +7치 20	7치 +7치 □ 20	8파 □ +7치 20	□ 4사 +7치 20
4사 □ +9구 20	5오 □ +6유 20	□ 8파 +6유 20	7치 □ +6유 20	8파 +6유 □ 20
9구 +5오 □ 20	□ 6유 +9구 20	□ 9구 +5오 20	7치 □ +5오 20	8파 +7치 □ 20
9구 +6유 □ 20	□ 5오 +9구 20	7치 □ +4사 20	□ 8파 +4사 20	9구 □ +4사 20
□ 4사 +9구 20	8파 □ +3삼 20	9구 +8파 □ 20	□ 3삼 +9구 20	9구 □ +2이 20

2. 다음 수 중 세 수의 합이 먼저 20이고 초과되는 수의 합은?

2	3	4	5	6
9	9	8	7	6
9	8	8	8	8
+5	+3	+6	+2	+4

7	8	9	3	4
5	4	3	8	9
8	8	8	9	7
+6	+2	+8	+5	+1

5	6	7	8	9
8	7	6	5	4
7	7	7	7	7
+4	+5	+7	+9	+3

4	5	6	7	8
7	9	8	7	6
9	6	6	6	6
+5	+3	+7	+2	+4

9	6	7	8	9
5	9	8	7	6
6	5	5	5	5
+3	+5	+4	+1	+2

7	8	9	8	9
9	8	7	9	9
4	4	4	3	2
+3	+8	+7	+2	+4

3. 다음 수 중 세 수의 합이 먼저 20 이하가 되는 수의 합은?

보기 예
```
    7   칠 ← ①
    4   사 ← ②
    8 ┐
      ├ 구 ← ③
  + 1 ┘
   ─────
   20
```

연습문제

```
   3        4        5        6        7
   9        8        7        6        5
   4        5        6        7        3
 + 4      + 3      + 2      + 1      + 5
 ───      ───      ───      ───      ───


   8        9        4        5        6
   4        3        9        8        7
   5        4        5        4        2
 + 3      + 4      + 2      + 3      + 5
 ───      ───      ───      ───      ───


   7        8        9        5        6
   6        5        4        9        8
   1        4        2        3        4
 + 6      + 3      + 5      + 3      + 2
 ───      ───      ───      ───      ───


   7        8        9        6        7
   7        6        5        9        8
   3        4        5        2        4
 + 3      + 2      + 1      + 3      + 1
 ───      ───      ───      ───      ───
```

4. 첫번째 수와 두번째 수를 합해서 세 번째 수를 더하여 20 이하가 될 때나 20이 초과될 경우는?

보기 예	20이하		6 유 ← ①	
			8 파 ← ②	
			2	
			+] 유 ← ③	
			+ 4	
			20	

첫 번째 수와 두 번째 수의 합이 20미만 일 때 아래 수에서 빌려와 20이 되게 만들어준다.

보기 예	20초과		9 구 ← ①
			7 치 ← ②
			4 사
			6 [← ③
			+ 2 나머지
			22

세 번째 아래 수 6에서 4만 빌려오고 나머지 수 아래 수를 2로 보면 된다.

■형이 다른 종합 문제풀이

[A형] 세 수의 합이 20이 되는 수는 구구 덧셈의 공식을 활용한다.

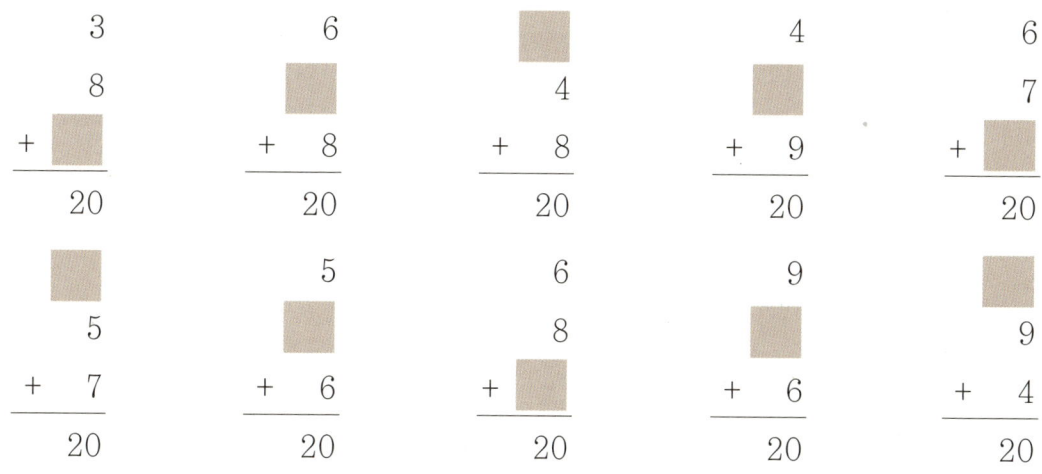

 **[B형]** 세 수의 합이 20이 되는 수이다.

```
   9  구      8       9       7       9
   3  삼      4       4       5       5
   8  파      8       7       8       6
 + 3        + 7     + 5     + 2     + 8
 ────        ───     ───     ───     ───
  23
```

```
   6          7       8       4       6
   6          6       7       8       8
   8          7       5       8       6
 + 4        + 3     + 7     + 2     + 6
 ───        ───     ───     ───     ───
```

 **[C형]** 세 수의 합이 20 이하가 되는 수이다.

```
   3  삼      5       6       8       9
   9  구      7       6       4       4
   5  파      4       2       7       5
 + 3        + 4     + 6     + 1     + 2
 ───        ───     ───     ───     ───
  20
```

```
   8          7       5       6       8
   5          6       8       8       8
   4          5       6       3       2
 + 3        + 2     + 1     + 3     + 2
 ───        ───     ───     ───     ───
```

[D형] 두 수씩 합하여 다섯 번째 수에 구구 덧셈을 활용한다.

```
  4 ] 구      7         8         6         3
  5           2         1         3         5
  6 ] 구      5         2         4         6
  3           3         5         2         2
+ 2   이    + 3       + 4       + 5       + 4
 20
```

```
  4         7         6         2         4
  4         1         2         5         3
  2         3         2         3         3
  5         3         3         2         3
+ 5       + 6       + 7       + 8       + 7
```

덧셈에서 10단위 이상 여러 자리 수의 덧셈연습 문제는 위에서 아래로 합산하고 나서 아래서 위로 합산하여 답을 적는다.

보기 올라가는 수 → ③   ③   ②   ②

```
              2   3   6   5   5 ↓
              1   4   9   6   2
              5   7   3   2   6
              5   8   5   3   7
        +     2 ↑ 5 ↑ 8 ↑ 4 ↑ 4
        ─────────────────────────
         1    8   0   3   2   4
              치  오  파  구  오
              파  파  파  유  파
              삼  치  구  오  치
                  치  유
                  삼  이
```

The Superspeed Memory 천 개 공식 연상기억법

10단위 연습문제

25	36	23	16	24
37	27	26	34	56
43	54	62	27	83
21	16	28	43	15
49	32	53	37	28
53	27	15	35	42
69	53	41	23	67
28	32	36	75	44
+ 32	+ 25	+ 43	+ 46	+ 23

100단위 연습문제

423	678	285	436
592	123	325	284
216	325	462	495
375	287	432	369
169	426	153	524
325	521	374	148
257	485	249	322
142	692	327	578
327	753	456	432
+ 451	+ 215	+ 262	+ 236

1000단위 이상 연습문제

```
      32154              43256
      36423              28522
       1362              14253
      12237               3272
       3526              23626
      23624               7425
      37256              36287
       3253               5231
      22187              46287
   +   3214           +   8232
   ─────────          ──────────
```

```
      27256              32562
      43287              25362
      28695              37254
      46214              21456
      32149              25784
      12258               4325
       6232              75874
      43269              32578
       4326               2583
   +   2521           +   3227
   ─────────          ──────────
```

덧셈 검산법

1. 문제와 답 전체의 숫자 중에 9나 두 수 이상의 수를 더하여 9가 되면 사선으로 표시한다.

2. 문제와 답의 수를 사선으로 표시하고 나면 문제의 수와 답의 수가 일치하는 수가 나오면 정답으로 본다.

검산보기1

```
   1 8 4
   7 2 ⑧
 + 5 3 6
 ─────────
   1 4 4 ⑧
```

9가 되도록 합산하여 사선표시를 하고 문제에서 ⑧이 남고 답에서도 9가 되면 사선표시하고 ⑧이 남으니 정답으로 본다.

검산보기2

```
   1 9 3
   2 4 6
 + 8 5 7
 ─────────
   1 2 9 6
```

9가 되도록 합산하여 사선표시를 하니 문제나 답이 모두 남는 수가 없이 일치하므로 정답으로 본다.

검산보기3

```
   6 4 2
   5 7 6
 + 7 3 9
 ─────────
   1 9 5 7
```

9가 되도록 합산하여 사선표시를 하니 문제에서 6+7=13이 되고 답에서 1+5+7=13이 된다. 문답에서 각각 9를 빼니 4가 일치되므로 정답으로 본다.

수리계산 뺄셈-보수관계

 9의 보수와 10의 보수의 설명

※ 보수란 – 주어진 어떤 수에 다른 수를 더하여 합이 되는 수를 말한다.

1. 9의 보수는 어떤 수가 9가 되도록 다른 수를 주어야 하는 수이다.

보기	다른 수 ➡	0	1	2	3	4	5	6	7	8	9
		⋮	⋮	⋮	⋮	⋮	⋮	⋮	⋮	⋮	⋮
	주어진 수 ➡	$\frac{+9}{9}$	$\frac{+8}{9}$	$\frac{+7}{9}$	$\frac{+6}{9}$	$\frac{+5}{9}$	$\frac{+4}{9}$	$\frac{+3}{9}$	$\frac{+2}{9}$	$\frac{+1}{9}$	$\frac{+0}{9}$

※ 예 : 주어진 수가 7이면 <u>다른 수가 2</u>가 되므로 9의 보수가 된다.

2. 10의 보수는 어떤 수가 10이 되도록 다를 수를 주어야 하는 수이다.

보기	다른 수 ➡	1	2	3	4	5	6	7	8	9
		⋮	⋮	⋮	⋮	⋮	⋮	⋮	⋮	⋮
	주어진 수 ➡	$\frac{+9}{10}$	$\frac{+8}{10}$	$\frac{+7}{10}$	$\frac{+6}{10}$	$\frac{+5}{10}$	$\frac{+4}{10}$	$\frac{+3}{10}$	$\frac{+2}{10}$	$\frac{+1}{10}$

※ 예 : 주어진 수가 6이면 <u>다른 수가 4</u>가 되므로 10의 보수가 된다.

수리계산 뺄셈 각 형의 설명

- A형 : 윗수와 그 아랫수가 서로 **같은 수**일 경우에는 답은 9가 된다.
- B형 : 윗수가 그 아랫수보다 **1이 적은 수**일 경우에는 답은 8이 된다.
- C형 : 윗수가 **0일 경우**에는 아랫수의 9에 대한 보수가 답이 된다.
- D형 : 윗수가 **1일 경우**에는 아랫수의 10에 대한 보수가 답이 된다.
- E형 : 아랫수가 **9일 경우**에는 무조건 윗수가 답이 된다.
- F형 : 아랫수가 **8일 경우**에는 윗수에 1을 더한 수가 답이 된다.
- G형 : A형에서 F형까지 해당되지 않은 형태는 아랫수의 9보수에 윗수를 더한 수가 답이다.

※다음 공식표와 같이 답이 나올 수 있도록 숙지한다.

[뺄셈공식표]

형	A형	B형	C형	D형	E형	F형
공식	3 -3 ― 9	6↓ -7 ― 8	0 -2 ― 7]9보	1 -4 ― 6]10보	5 -9 ― 5	3 +1 -8 ― 4
G형	A에서 F형에 해당되지 않은 것은 모두 G형에 해당된다.					

수리계산 뺄셈의 각 형태 A형~B형

※아래 각 형의 보기를 숙달시킨다

- 윗수와 그 아랫수가 서로 같은 수일 경우 답은 9이다.

 A형 보기
```
  1 6 3 2 6 4 1 7 8 4   +2=6  ←처음에 일자리는 아랫수의
- 6 3 2 6 4 1 7 8 5 8₂        10의 보수에 윗수를 더한
─────────────────────         답으로 한다.
  9 9 9 9 9 9 9 9 9 6
```

- 윗수가 그 아랫수보다 1이 적은 수일 경우 답은 8이다.

B형 보기
```
  1 7 4 5 8 3 2 6 4 7 1   +5=6  ←처음에 일자리는 아랫수의
- 8 5 6 9 4 3 7 5 8 5₅          10의 보수에 윗수를 더한
───────────────────────         답으로 한다.
  8 8 8 8 8 8 8 8 8 6
```

제6장 두뇌훈련 수리 계산법

수리계산 뺄셈의 각 형태 C형~G형

- 윗수가 0일 경우에는 그 아랫수의 9에 대한 보수가 답이다

  [C형 보기]

  | C형 보기 | 1 0 0 0 0 0 0 0 0 0 | +3=3 | ← 처음에 일자리는 아랫수의 10의 보수에 윗수를 더한 답으로 한다. |

  ```
          1 0 0 0 0 0 0 0 0 0    +3=3
        -   6 8 5 7 3 8 2 1 3 7₃
            3 1 4 2 6 1 7 8 6 3
  ```

- 윗수가 1일 경우에는 그 아랫수의 10에 대한 보수가 답이다.

  [D형 보기]

  ```
          1 1 1 1 1 1 1 1 1 3    +4=7
        -   6 2 3 7 9 3 4 3 5 6₄
            4 8 7 3 1 7 6 7 5 7
  ```
  ← 처음에 일자리는 아랫수의 10의 보수에 윗수를 더한 답으로 한다.

- 아랫수가 9일 경우에는 그 윗수가 그대로 그 자리의 답이다.

  [E형 보기]

  ```
          3 6 1 3 2 6 0 7 4 5 6    +1=7
        - 9 9 9 9 9 9 9 9 9 1
          2 6 1 3 2 6 0 7 4 5 7
  ```
  ← 처음에 일자리는 아랫수의 10의 보수에 윗수를 더한 답으로 한다.

- 아랫수가 8일 경우에는 그 윗수에 1을 더한 수가 답이다.

  [F형 보기]

  ```
          4 4 7 3 2 6 5 2 7 3 5    +2=7
        - 8 8 8 8 8 8 8 8 8 2
          3 5 8 4 3 7 6 3 8 4 7
  ```
  ← 처음에 일자리는 아랫수의 10의 보수에 윗수를 더한 답으로 한다.

- A형에서 F형까지 해당하지 않는 형태(9의 보수를 윗수에 더한다)

  [G형 보기]

  ```
          5 3 1 4 6 4 2 2 1 3 4    +2=6
        - 3₆6₃4₅7₂8₁6₃7₂6₃5₄8₂
          4 9 4 9 8 5 5 4 4 7 6
  ```
  ← 처음에 일자리는 아랫수의 10의 보수에 윗수를 더한 답으로 한다.

The Superspeed Memory 천 개 공식 연상기억법

연습문제 1

1) 3 7 1 4 0 8 3
  − 7 5 9 4 8 7

2) 4 6 5 0 1 6 4
  − 9 8 2 4 6 7

3) 2 8 2 7 5 0 4
  − 9 3 9 8 6 8

4) 2 1 2 4 0 2 2
  − 8 9 8 5 2 8

5) 5 8 4 5 0 6 3
  − 9 8 9 1 7 8

6) 3 3 9 1 7 5 2
  − 3 8 6 9 8 9

7) 4 6 5 2 0 1 4
  − 7 9 8 7 5 6

8) 3 4 1 7 4 0 2
  − 4 2 9 8 5 6

9) 5 0 4 6 7 3 3
  − 7 9 8 8 3 7

연습문제 2

1) 4 3 6 6 7 4 0 5 7 2
  − 3 8 7 9 4 5 9 9 5

2) 3 2 6 0 6 8 4 1 0 5
  − 3 6 2 9 8 9 5 8 8

3) 2 4 0 5 2 0 2 6 1 4
  − 8 3 5 3 7 8 7 5 6

4) 4 8 6 2 1 0 2 7 2 4
  − 8 7 9 5 6 8 7 4 7

5) 4 3 2 5 0 3 6 1 4 3
  − 2 4 9 8 4 3 7 4 8

6) 6 2 4 1 5 3 4 7 2 5
  − 3 4 7 6 9 4 9 8 7

연습문제 3

1) 7 0 0 0 0 0 0 0 0
   − 2 5 7 3 2 9 6 1 3

2) 8 0 0 0 0 0 0 0 0
   − 3 2 8 7 5 3 6 2 4

3) 6 5 3 8 ★2 7 1 6 3 2
   −   6 3 8 4 6 7 6 8 7

4) 4 3 2 6 ★5 0 1 4 2 1
   −   3 5 7 5 7 7 5 2 6

5) 2 3 0 4 3 7 1 ★6 4 4
   −   4 6 5 4 8 3 3 4 5

6) 3 7 1 3 5 0 ★2 8 7 2
   −   8 6 3 6 7 4 8 8 5

연습문제 4

1)   4 6 4 2 3 7 5 1 4 6 2 0 8 5 0 2 5 3 1 3
   − 1 9 4 8 4 7 9 7 4 9 3 3 8 6 4 9 5 8 6 7

2)   3 2 6 4 ★2 1 3 7 0 ★3 5 4 1 4 0 ★2 8 3 4 2
   − 1 2 8 5 6 7 8 9 5 7 6 5 8 4 6 4 8 4 4 6

3)   5 3 2 6 3 ★2 7 5 ★4 0 2 3 ★7 5 1 3 6 2 0 4
   − 3 4 2 9 4 6 7 6 7 4 9 7 9 5 7 4 9 8 5 7

구구단 두뇌훈련 (1) 곱셈의 각 단을 7초 내 답을 말로 하세요.

9단 곱셈 수지법

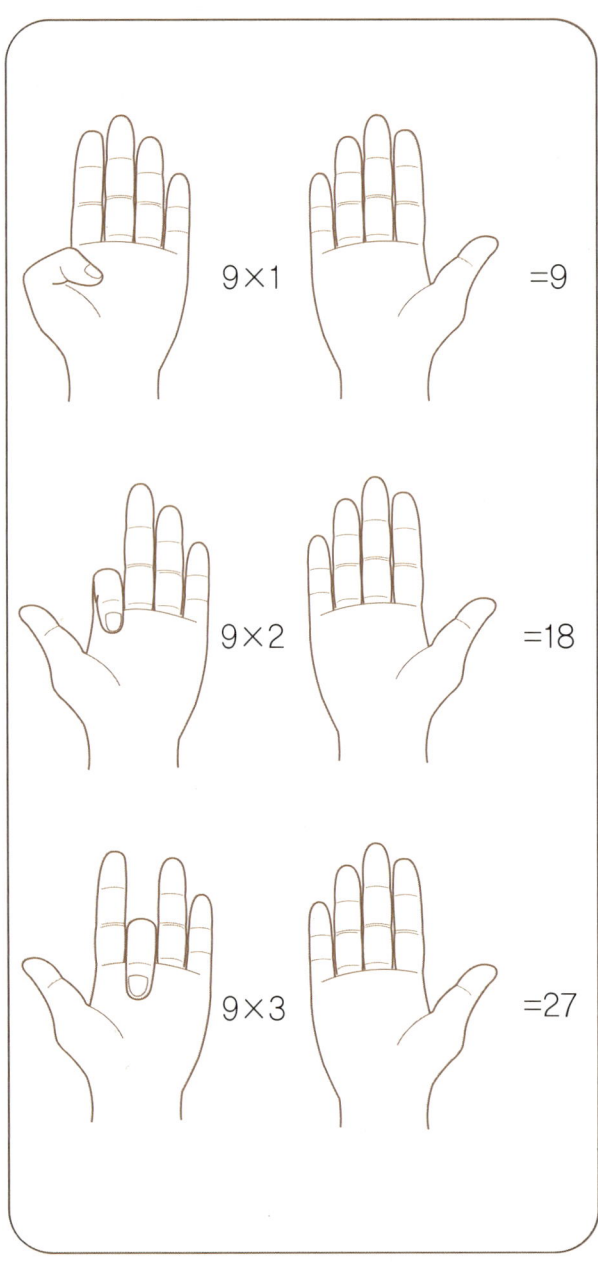

1단 거꾸로 훈련하기

2×1=[　　]
3×1=[　　]
4×1=[　　]
5×1=[　　]
6×1=[　　]
7×1=[　　]
8×1=[　　]
9×1=[　　]

2단 거꾸로 훈련하기

2×2=[　　]
3×2=[　　]
4×2=[　　]
5×2=[　　]
6×2=[　　]
7×2=[　　]
8×2=[　　]
9×2=[　　]

3단 거꾸로 훈련하기

2×3=[　　]
3×3=[　　]
4×3=[　　]
5×3=[　　]
6×3=[　　]
7×3=[　　]
8×3=[　　]
9×3=[　　]

소 요 시 간

1회 : [　　초]
2회 : [　　초]
3회 : [　　초]
4회 : [　　초]
5회 : [　　초]

1회 : [　　초]
2회 : [　　초]
3회 : [　　초]
4회 : [　　초]
5회 : [　　초]

1회 : [　　초]
2회 : [　　초]
3회 : [　　초]
4회 : [　　초]
5회 : [　　초]

구구단 두뇌훈련 (2) 곱셈의 각 단을 7초 내 답을 말로 하세요.

● 9단 곱셈 수지법

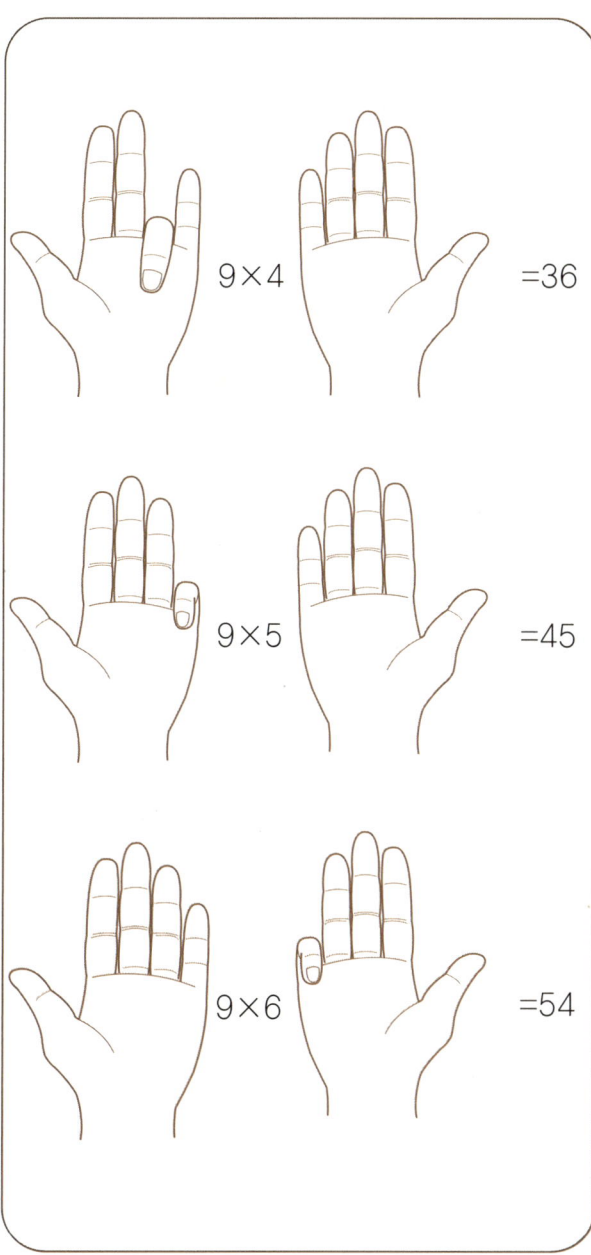

4단 거꾸로 훈련하기
2 × 4 = [   ]
3 × 4 = [   ]
4 × 4 = [   ]
5 × 4 = [   ]
6 × 4 = [   ]
7 × 4 = [   ]
8 × 4 = [   ]
9 × 4 = [   ]

5단 거꾸로 훈련하기
2 × 5 = [   ]
3 × 5 = [   ]
4 × 5 = [   ]
5 × 5 = [   ]
6 × 5 = [   ]
7 × 5 = [   ]
8 × 5 = [   ]
9 × 5 = [   ]

6단 거꾸로 훈련하기
2 × 6 = [   ]
3 × 6 = [   ]
4 × 6 = [   ]
5 × 6 = [   ]
6 × 6 = [   ]
7 × 6 = [   ]
8 × 6 = [   ]
9 × 6 = [   ]

소 요 시 간

1회 : [초]
2회 : [초]
3회 : [초]
4회 : [초]
5회 : [초]

1회 : [초]
2회 : [초]
3회 : [초]
4회 : [초]
5회 : [초]

1회 : [초]
2회 : [초]
3회 : [초]
4회 : [초]
5회 : [초]

구구단 두뇌훈련 (3) 곱셈의 각 단을 7초 내 답을 말로 하세요.

9단 곱셈 수지법

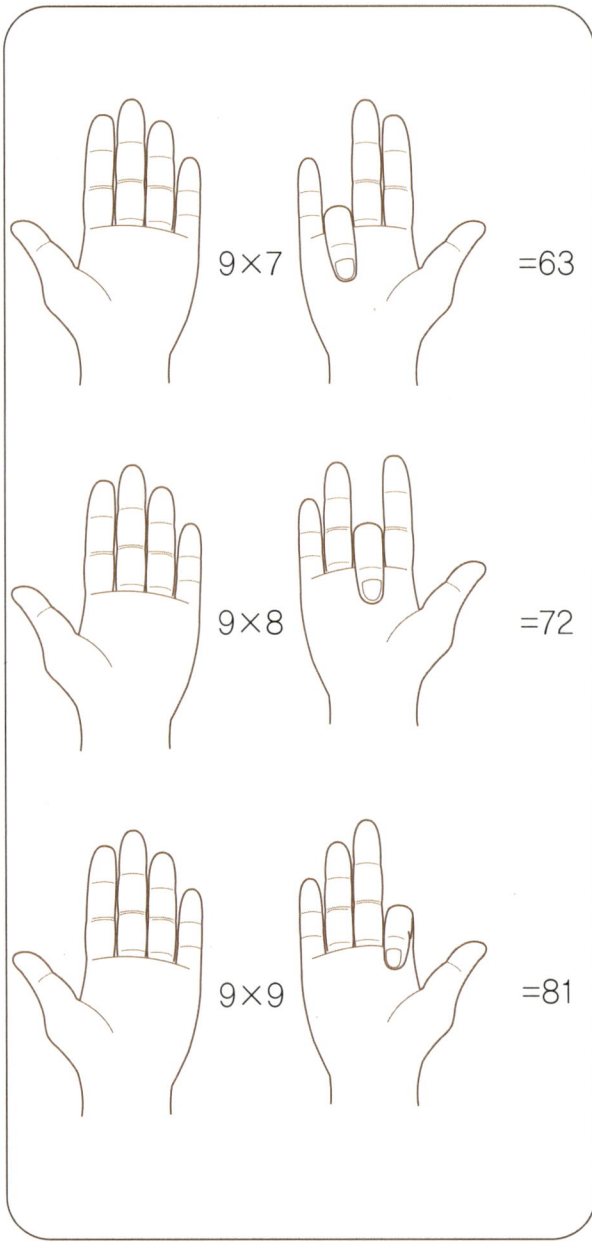

7단 거꾸로 훈련하기

2×7=[   ]
3×7=[   ]
4×7=[   ]
5×7=[   ]
6×7=[   ]
7×7=[   ]
8×7=[   ]
9×7=[   ]

소요시간

1회 : [초]
2회 : [초]
3회 : [초]
4회 : [초]
5회 : [초]

8단 거꾸로 훈련하기

2×8=[   ]
3×8=[   ]
4×8=[   ]
5×8=[   ]
6×8=[   ]
7×8=[   ]
8×8=[   ]
9×8=[   ]

1회 : [초]
2회 : [초]
3회 : [초]
4회 : [초]
5회 : [초]

9단 거꾸로 훈련하기

2×9=[   ]
3×9=[   ]
4×9=[   ]
5×9=[   ]
6×9=[   ]
7×9=[   ]
8×9=[   ]
9×9=[   ]

1회 : [초]
2회 : [초]
3회 : [초]
4회 : [초]
5회 : [초]

두뇌훈련을 위한 수리 곱셈 계산법

곱셈공식

곱셈은 두뇌개발차원에서 훈련하는 것이므로 신속하고 정확하게 정답을 풀어야 하며 한치의 오차도 없이 답이 나와야 한다.

[A형]은 십단위 上·下가 같고, 일단위 합이 10이 되는 경우

형식 : 십 일 단위
         3 8
       × 3 2

[B형]은 십단위 上·下가 같고, 일단위 합이 10 이하가 되는 경우

형식 : 십 일 단위
         5 4
       × 5 2

[C형]은 십단위 上·下가 같고, 일단위 합이 10 이상이 되는 경우

형식 : 십 일 단위
         2 5
       × 2 8

[D형]은 ABC형과 상관 없이 아무 수나 나올 경우

형식 : 십 일 단위
         6 5
       × 7 3

The Superspeed Memory 천 개 공식 연상기억법

수리계산 곱셈

[A형] 10단위 上·下의 숫자가 같고 1단위, 上·下가 10이 되는 수

보기
```
       7 4
     × 7 6
     ─────
     5 6 2 4
```
8=1+ , ②× , ×①

① 6×4=24
② (6+4)=10단위에
③ 8×7=56
④ 74×76=5624

설명

① 일단위 上·下의 수를 곱하여 자리수에 맞게 답을 적는다
② 일단위 上·下의 수를 합하여 십단위에 주었다고 생각한다.
③ 십단위수에 1을 더하여 上·下의 수를 곱하여 자리수에 맞게 답을 적는다.

A형 연습문제

1. 12 × 18
2. 23 × 27
3. 38 × 32
4. 46 × 44
5. 57 × 53

6. 65 × 65
7. 78 × 72
8. 83 × 87
9. 92 × 98
10. 16 × 14

11. 27 × 23
12. 34 × 36
13. 42 × 48
14. 57 × 53
15. 68 × 62

16. 72 × 78
17. 87 × 83
18. 93 × 97
19. 26 × 24
20. 32 × 38

334

[B형] 10단위 上·下의 숫자가 같고, 1단위 上·下의 더한 수가 10 이하인 경우 곱셈식의 답을 한자리씩 옮겨 적는다

 보기

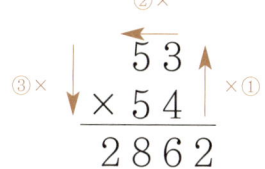

① 4×3=……………12
② (4+3)×5=……35
③ 5×5=…………25
　　　　　　　2862

🍎 설명

① 일단위 上·下를 먼저 곱하여 답을 적는다
② 일단위 上·下의 수를 합하여 십단위 윗수와 곱하여 답을 적는다.
③ 십단위 上·下의 수를 곱하여 자리수에 답을 적는다.

B형 연습문제

① 26×21	② 33×32	③ 43×46	④ 52×53	⑤ 64×63
⑥ 71×74	⑦ 86×83	⑧ 23×22	⑨ 34×32	⑩ 47×42
⑪ 51×52	⑫ 63×64	⑬ 72×73	⑭ 83×85	⑮ 14×15
⑯ 26×22	⑰ 32×33	⑱ 47×42	⑲ 53×51	⑳ 62×64

[C형] 10단위 上·下의 숫자가 같고, 1단위 上·下의 합이 10 이상이 되는 수 곱셈식의 답을 한자리씩 옮겨 적는다

보기

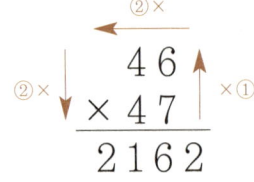

① 7×6= 42
② (7+6=13-10)=3 12
③ (4+1)×4= 20
　　　　　　　　　2162

 설명

①일단위 上·下의 수를 곱하여 답을 적는다.
②일단위 上·下의 합(7+6=13-10)=3과 십단위의 숫자 4와 곱하여 답을 적는다.
③일단위에서 올라온 10을 십단위 수 4에 1을 더해서 5로 보고(5×4)=20으로 적는다.

C형 연습문제

1) 34 ×37
2) 47 ×45
3) 55 ×56
4) 86 ×87
5) 78 ×75

6) 67 ×64
7) 27 ×26
8) 39 ×33
9) 48 ×47
10) 58 ×57

11) 74 ×79
12) 85 ×89
13) 46 ×48
14) 58 ×57
15) 68 ×66

16) 74 ×78
17) 28 ×26
18) 35 ×38
19) 49 ×45
20) 86 ×87

[D형] 10단위 上·下가 같은 수 A, B, C형과 상관없이 아무 숫자나 나올 경우

보기

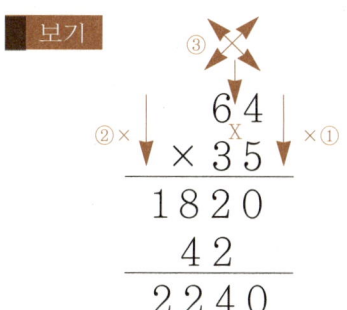

① 일단위 上·下의 수를 곱하여 답을 자릿수에 적는다. 4×5=20
② 십단위 上·下의 수를 곱하여 답을 자릿수에 적는다. 6×3=18
③ 대각선으로 마주 본 수를 서로 곱하여 다시 더한다. (4×3)+(6×5)=42

 설명

세 번째 마주 본 수를 서로 곱하고 다시 더한 답이 백단위, 십단위, 일단위가 되던 답을 자릿수에 적을 때 일자리를 띄고 십자리부터 적어서 합산한다.

D형 연습문제

① 86 ×79
② 97 ×48
③ 79 ×88
④ 47 ×89
⑤ 87 ×86

⑥ 57 ×98
⑦ 76 ×89
⑧ 79 ×48
⑨ 69 ×88
⑩ 56 ×98

⑪ 99 ×86
⑫ 79 ×68
⑬ 88 ×77
⑭ 94 ×79
⑮ 85 ×88

D형 100단위 풀이

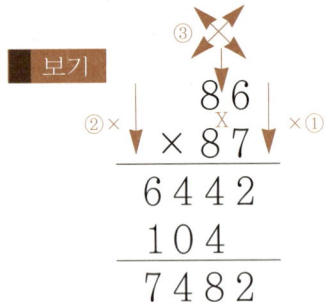

① 일단위 上·下의 수를 곱하여 답을 자릿수에 적는다. 6×7=42
② 십단위 上·下의 수를 곱하여 답을 자릿수에 적는다. 8×8=64
③ 대각선으로 마주 본 수를 곱하여 다시 더한다. (6×8)+(8×7)=104

 설명

세 번째 마주 본 수를 서로 곱하고 다시 더한 답을 자릿수에 적을 때 일자리를 떼고 십자리부터 적어서 합산한다.

 D형 연습문제 100단위

1. 79
   ×68

2. 99
   ×99

3. 97
   ×98

4. 86
   ×87

5. 79
   ×88

6. 69
   ×88

7. 78
   ×59

8. 48
   ×98

9. 76
   ×89

10. 97
   ×48

11. 56
   ×98

12. 79
   ×48

13. 57
   ×98

14. 47
   ×89

15. 86
   ×79

D형 1단위 풀이

```
    ③×
   2 3        ① 3×2=  6
② ×  × 1 2  ×①  ② 2×1=2
  ─────       ③ 3+4= 7
   2 7 6      ─────
              2 7 6
```

 설명

세 번째 마주 본 수를 서로 곱하고 다시 더한 답이 일단위로 나왔을 경우에는 일단위와 백단위 사이에 답을 적는다.

D형 연습문제 1단위

1) 32   2) 71   3) 62   4) 12   5) 21
   ×21   ×21   ×11   ×23   ×42

6) 23   7) 11   8) 14   9) 43   10) 52
   ×12   ×34   ×12   ×11   ×11

11) 31   12) 43   13) 42   14) 11   15) 32
    ×21   ×20   ×21   ×54   ×22

부록

The Superspeed Memory

초스피드 기억법 장의 활용 - 원소주기율표 연상 결합하기

 1족 십자수

1주기 : 색실에 수소 풍선을 달아맸다.
2주기 : 실바구니 속에서 리듬 음악이 흘러나온다.
3주기 : 가위로 나트를 자르다.
4주기 : 머리핀을 칼로 잘라서 구리(동)로 만들었다.
5주기 : 바늘은 천을 누비는 데 쓰는 은으로 만들었다.
6주기 : 수틀을 샤시로 만들어서 금으로 도금했다.
7주기 : 안테나를 프랑스에서 가져온 것이다.

 2족 이정표

2주기 : 자전거 핸들 끝에 베일 뻔했다.
3주기 : 페달 위에 서서 나그네가 숨어서 타고 간다.
4주기 : 소가 칼슘을 먹으니 아연하게 힘이 생긴다.
5주기 : 농부가 스트로폼에 앉아서 카드놀이를 한다.
6주기 : 마차 위에 바를 묶고 바른손으로 수많은 은을 실었다.
7주기 : 갓 속에 라디오를 넣어 음악 듣고 간다.

3족 삼일절

2주기 : 나뭇잎에 속으로 붕어가 쏙 들어갔다.
3주기 : 나무줄기를 알루미늄판으로 쌌다.
4주기 : 국기봉에 스카프를 묶어놓고 갈림길에 섰다.
5주기 : 태극기에 이들의 이름이 있어 인두로 눌려 죽임을 당했다.
6주기 : 깃대는 탄력성이 좋다.

4족 사냥

2주기 : 참새 날개 위에 소가 타고 간다.
3주기 : 참새 꼬리 잡고 귀소하는 소이다.
4주기 : 총알이 티만 한 탄이므로 게르마늄하다.
5주기 : 총을 송곳으로 찌르고 주워온 돌을 주석으로 부쉈다.
6주기 : 탄띠를 허리에 차고 하품하다가 납 속에 빠졌다.

5족 오토바이

2주기 : 장갑 속에 손가락을 질서 있게 끼워 넣었다.
3주기 : 장화 속에 인삼을 넣었다.
4주기 : 거울을 바나나로 닦으니 비로서 잘 보인다.
5주기 : 라이트에 니 오빠가 부딪혀서 안티푸라민 연고를 발랐다.
6주기 : 타이어에 흙을 탄탈 털어봤지만 안 떨어져서 물로 비스므리하게 씻었다.

6족 육상경기

2주기 : 물컵 속에 산소가 가득 찼다.
3주기 : 테이블은 황색이다.
4주기 : 머리띠가 조금 크다면, 그럼 세련되게 묶자.
5주기 : 바톤인지 잘 몰라볼 때 땅에다 텔루르 굴러보자.
6주기 : 반바지 속이 텅 비어서 풀을 넣었다.

7족 북두칠성

2주기 : 크레파스가 불속에서 녹아 버렸다.
3주기 : 화판을 염소가 뜯어먹었다.
4주기 : 망원 렌즈를 망가뜨려서 부름을 받고 혼났다.
5주기 : 손잡이를 다 큰애들이 요트에다 묶어놨다.
6주기 : 받침대를 내님이 아스팔트 위에 설치했다.

8족 팔씨름

4주기 : 땀 속에 철분이 코트에 떨어진 것은 니것이다.
5주기 : 의자에 누런테를 두르고 로프로 묶어서 팔아버렸다.
6주기 : 의자 밑에 오수가 뿌려져 있어 이리가 백금을 물고 도망갔다.

10족 공부방

1주기 : 책꽂이 위에 장난감 헬기를 올려놓았다.
2주기 : 사전 옆에 네온 불을 설치해놨다.
3주기 : 서랍 속에 무엇이 들어 있는지 알고 열어라.
4주기 : 안경테가 부러져서 클립으로 고정했다.
5주기 : 연필로 그새 논을 그렸다.
6주기 : 슬리퍼 속에 라면 살 돈을 넣었다.

원소 주기율표 - 공간의 장에 연상 결합하기

족 / 주기	가지의 장 I A	가지의 장 I B	나팔의 장 II A	나팔의 장 II B	다리미의 장 III A	다리미의 장 III B	하마의 장 IV A	하마의 장 IV B
1	₁H 수소							
2	₃Li 리튬		₄Be 베릴륨		₅B 붕소		₆C 탄소	
3	₁₁Na 나트륨		₁₂Mg 마그네슘		₁₃Al 알루미늄		₁₄Si 규소	
4	₁₉K 칼륨	₂₉Cu 구리(銅)	₂₀Ca 칼슘	₃₀Zn 아연	₂₁Sc 스칸듐	₃₁Ga 갈륨	₂₂Ti 티탄	₃₂Ge 게르마늄
5	₃₇Rb 루비듐	₄₇Ag 은	₃₈Sr 스트론튬	₄₈Cd 카드뮴	₃₉Y 이트륨	₄₉In 인듐	₄₀Zr 지르코늄	₅₀Sn 주석
6	₅₅Cs 세슘	₇₉Au 금	₅₆Ba 바륨	₈₀Hg 수은		₈₁Tl 탈륨	₇₂Hf 하프늄	₉₂Pb 납
7	₈₇Fr 프란슘		₈₈Ra 라듐					

원소 주기율표 – 공간의 장에 연상 결합하기

마술의 장		바둑의 장		사이다의 장		아이스크림의 장		차표의 장
V		VI		VII		VIII		0
A	B	A	B	A	B			
								$_2$He 헬륨
	$_7$N 질소		$_8$O 산소		$_9$F (플루오르) 불소			$_{10}$Ne 네온
	$_{15}$P 인		$_{16}$S 황		$_{17}$Cl 염소			$_{18}$Ar 아르곤
$_{23}$V 바나듐	$_{33}$As 비소	$_{24}$Cr 크롬	$_{34}$Se 셀렌	$_{25}$Mn 망간	$_{35}$Br 브롬	$_{26}$Fe 철	$_{27}$Co 코발트	$_{28}$Ni 닉켈	$_{36}$Kr 크립톤
$_{41}$Nb 니오브	$_{51}$Sb 안티몬	$_{42}$Mo 몰리브덴	$_{52}$Te 텔루르	$_{43}$Tc 테크네튬	$_{53}$I 요오드	$_{44}$Ru 루테늄	$_{45}$Rh 로듐	$_{46}$Pd 팔라듐	$_{54}$Xe 크세논
$_{73}$Ta 탄탈	$_{83}$Bi 비스무트	$_{74}$W 텅스텐	$_{84}$Po 폴로늄	$_{75}$Re 레늄	$_{85}$At 아스타틴	$_{76}$Os 오수뮴	$_{77}$Ir 이리듐	$_{78}$Pt 백금	$_{86}$Rn 라돈

성안당 추천도서

漢字를 보고 자동으로 훈과 음을
떠올리게 하는 연상 기억술

맵핑으로 바로 외우고 오래 기억하는

한자 연상 기억술

한국두뇌개발교육원 손 동 조 지음 | 한국최초기억법창안자 손 주 남 감수

한자부수 연상풀이 · 훈음 연상기억 | 맵핑 한자 연상기억

한자 자체의 논리적인 특성을 이용한 학습법을 통해 한자를 바로 외워 오래 기억할 수 있도록 한 도서입니다. 부수와 연관되는 한자끼리 묶어 놓은 맵핑으로 자연스럽게 한자를 외울 수 있도록 구성하였습니다.

그림을 통해 스토리텔링으로 기억하는
100배 빠른 영단어 기억법

그림으로 쉽고 빠르게 기억하는

스크린 영단어 연상 기억술

한국두뇌개발교육원 · 한국기억술연구원 손 동 조 지음 | 박 채 수 그림

알파벳과 발음 & 공간위치 연상 기억 | 구조화 연상 기억

하나의 그림에서 3·3·4의 원리로 10개씩 기억하여 총 600개의 단어를 바로 외울 수 있도록 하였으며, 그림에 대한 짧은 문장을 읽으며 영단어를 자연스럽게 익힐 수 있도록 스토리텔링 기법을 사용하였습니다.

BM 성안당 http://www.cyber.co.kr

04032 서울시 마포구 양화로 127 첨단빌딩 5층(출판기획 R&D 센터) T.02.3142.0036
10881 경기도 파주시 문발로 112 출판문화정보산업단지(제작 및 물류) T.031.950.6300

성안당 추천도서

기억법 공식 훈련 학습법 가이드

초스피드 기억법

한국두뇌개발교육원 손 동 조 지음 | 한국최초기억법창안자 손 주 남 감수

영화, TV 내용처럼 오래 기억할 수 있는 기적의 학습 비법
연상 기억을 통해 장기간 기억할 수 있도록 하는 학습 기법과 통찰력, 공간력 그리고 공간지각 능력을 향상시켜 모든 기억에 자신감을 갖게 합니다.

속독 실제 훈련 시스템의 연습법 가이드

초스피드 속독법

한국두뇌개발교육원 손 동 조 지음

집중력 향상 + 기억력 증진 + 다양한 분야 학습 응용
효과적인 읽기훈련으로 집중력, 기억력 및 학습 능력을 향상시키고, 따라만 해도 속독이 되도록 하였습니다.

빨리 읽게 되고 오래 기억되는 창의적 학습법

속독·기억의 공부기술

한국두뇌개발교육원 손 동 조 지음 | 한국최초기억법창안자 손 주 남 감수

빠른 독서를 위한 두뇌 훈련 + 뇌가 좋아하는 창의적 기억 훈련
속독법과 기억법의 핵심을 한 권에 담아 따라만 해도 속독이 되고, 기억력이 향상되어 실제 학습에 바로 활용할 수 있게 합니다.

BM 성안당　http://www.cyber.co.kr

04032 서울시 마포구 양화로 127 첨단빌딩 5층(출판기획 R&D 센터) T.02.3142.0036
10881 경기도 파주시 문발로 112 출판문화정보산업단지(제작 및 물류) T.031.950.6300

성안당 추천도서

취업 및 공무원 시험 준비생
악필 교정·바른 맞춤법 한권으로 끝내기

취준생과 공시생을 위한

손글씨 교정과 맞춤법

한국두뇌개발교육원·한국기억술연구원 손 동 조 지음

글씨 교정을 위한 선 긋기 연습 | 우리가 자주 사용하는 관용어(慣用語) 바르게 알기 | 우리말 낱말 퍼즐과 글씨 교정을 위한 관용어 덧쓰기 | 한글 맞춤법 바르게 알기

각종 시험이나 입사 지원서, 직장에서의 중요한 서류 등을 손으로 직접 작성해야 할 때 삐뚤빼뚤 악필과 헷갈리는 맞춤법으로 스트레스받는 사람들을 위한 맞춤 해결서입니다.

초·중·고등학생 및 대학생·고시생·일반인들까지
모두를 위한 악필 교정 가이드 북!

1주일 만에 악필을 명필로

연필로 쓰는 한글 악필교정 기억법

한국두뇌개발교육원·한국기억술연구원 손 동 조 지음

정자체 쓰기 – 초등학생 및 초보자 악필 교정편 | 필기체 쓰기 – 중고생 및 일반인 명필 숙달편

이 책은 글씨 쓰기의 기본 선 긋기 연습부터 고사성어·속담 뜻 내용 쓰기까지 글씨의 기본기를 체계적으로 잡아주고, 악필을 교정하는 데 도움이 되도록 총 7단계로 구성하여 글씨 교정을 완성할 수 있게 도와줍니다.

BM 성안당   http://www.cyber.co.kr   04032 서울시 마포구 양화로 127 첨단빌딩 5층(출판기획 R&D 센터) T.02.3142.0036
10881 경기도 파주시 문발로 112 출판문화정보산업단지(제작 및 물류) T.031.950.6300

성안당 추천도서

한 권에 글씨 쓰기 연습의 모든 것을 담았다!

하루 10분 연습으로 완성하는
글씨 쓰기 연습의 모든 것!

한글 연필글씨 교정법

한국두뇌개발교육원 손 동 조 지음

선긋기부터 문장 쓰기까지 | 수수께끼 풀면서 악필 교정하기 | 동시 감상하면서 예쁘게 따라 쓰기

요즘은 초등생뿐만 아니라 중학생, 고등학생, 대학생, 일반인까지도 악필로 고민하는 경우가 많습니다. 첨단기기의 발달로 인하여 우리에게 손 글씨는 점점 멀어져가고 있어 글씨를 정확하고 예쁘게 쓰려면 많은 연습이 필요한 상황입니다. 이 책은 짧은 시간 안에 선긋기부터 문장 쓰기까지 체계적으로 연습할 수 있도록 구성하였습니다.

대한민국 헌법을 연상 기억하며 악필을 교정한다!

빠르고 정확하게 쓰기 위한

악필 볼펜글씨 교정 기억법

한국두뇌개발교육원 손 동 조 지음

예쁜 글씨보다 빠르고 정확하게 쓰는 것이 중요 | 논술 내용이 비슷하다면 글씨가 합격 결정

논술체는 예쁘게 천천히 쓰는 것이 아니라 빨리 쓰면서 글씨를 알아볼 수 있도록 정확하게 쓰는 것이 중요합니다. 이 책은 논술시험을 앞둔 학생들이 짧은 시간 안에 빠르고 정확한 글씨쓰기 능력을 습득할 수 있도록 구성하였습니다. 특히 대한민국 헌법 1조~130조까지 연상기억하면서 글씨교정을 할 수 있게 만든 것이 특징입니다.

BM 성안당   http://www.cyber.co.kr   04032 서울시 마포구 양화로 127 첨단빌딩 5층(출판기획 R&D 센터) T.02.3142.0036
10881 경기도 파주시 문발로 112 출판문화정보산업단지(제작 및 물류) T.031.950.6300

Foreign Copyright: Joonwon Lee
Address: 10, Simhaksan-ro, Seopae-dong, Paju-si, Kyunggi-do,
  Korea
Telephone: 82-2-3142-4151
E-mail: jwlee@cyber.co.kr

공간지각 1,000개 기억 공식편
천 개 공식 연상 기억법

2005. 1. 15. 초 판 1쇄 발행
2015. 5. 14. 개정 1판 1쇄 발행
2019. 4. 18. 개정 1판 2쇄 발행

지은이 | 손동조
펴낸이 | 이종춘
펴낸곳 | BM (주)도서출판 성안당
주소 | 04032 서울시 마포구 양화로 127 첨단빌딩 3층(출판기획 R&D 센터)
     | 10881 경기도 파주시 문발로 112 출판문화정보산업단지(제작 및 물류)
전화 | 02) 3142-0036
     | 031) 950-6300
팩스 | 031) 955-0510
등록 | 1973. 2. 1. 제406-2005-000046호
출판사 홈페이지 | www.cyber.co.kr
ISBN | 978-89-315-7836-2 (13010)
정가 | 28,000원

이 책을 만든 사람들
책임 | 최옥현
진행 | 정지현
본문 디자인 | 김인환
표지 디자인 | 박원석
홍보 | 김계향, 정가현
국제부 | 이선민, 조혜란, 김혜숙
마케팅 | 구본철, 차정욱, 나진호, 이동후, 강호묵
제작 | 김유석

이 책의 어느 부분도 저작권자나 BM (주)도서출판 성안당 발행인의 승인 문서 없이 일부 또는 전부를 사진 복사나 디스크 복사 및 기타 정보 재생 시스템을 비롯하여 현재 알려지거나 향후 발명될 어떤 전기적, 기계적 또는 다른 수단을 통해 복사하거나 재생하거나 이용할 수 없음.

■ 도서 A/S 안내

성안당에서 발행하는 모든 도서는 저자와 출판사, 그리고 독자가 함께 만들어 나갑니다.
좋은 책을 펴내기 위해 많은 노력을 기울이고 있습니다. 혹시라도 내용상의 오류나 오탈자 등이 발견되면 "좋은 책은 나라의 보배"로서 우리 모두가 함께 만들어 간다는 마음으로 연락주시기 바랍니다. 수정 보완하여 더 나은 책이 되도록 최선을 다하겠습니다.
성안당은 늘 독자 여러분들의 소중한 의견을 기다리고 있습니다. 좋은 의견을 보내주시는 분께는 성안당 쇼핑몰의 포인트(3,000포인트)를 적립해 드립니다.
잘못 만들어진 책이나 부록 등이 파손된 경우에는 교환해 드립니다.